Pierre Stutz

Atempausen für die Seele

Pierre Stutz

Atempausen
für die Seele

HERDER

FREIBURG · BASEL · WIEN

Neuausgabe 2020

© Verlag Herder GmbH, Freiburg im Breisgau 2004
Alle Rechte vorbehalten
www.herder.de

Umschlaggestaltung: Gestaltungssaal, Rosenheim
Umschlagmotiv: © Gestaltungssaal, Rosenheim

Satz: fgb · freiburger graphische betriebe
Herstellung: GGP Media GmbH, Pößneck

Printed in Germany

ISBN Print 978-3-451-03236-3
ISBN E-Book 978-3-451-81978-0

Für
Harald Weß,
Monika Brunnsteiner,
Petra Thumann
in herzlicher Verbundenheit

Inhalt

Zur Einstimmung 9

1. Meine persönliche Tagesgestaltung –
   Atem ist Gegenwart 15

2. Innehalten am Arbeitsplatz –
   Atemholen 29

3. Freie Zeit in der Freizeit! –
   Durchatmen 63

4. Umgang mit meinen Schattenseiten –
   Atem schenkt Ruhe 81

5. Von Herz zu Herz –
   Atem verbindet 123

6. In Trauer- und Krisenzeiten –
   Dem Atemfluss trauen 141

7. Gesegnetes Aufatmen 167

Zur Einstimmung

Die letzten Jahre habe ich viele Menschen in hunderten von Lesungen und Seminaren ermutigt, mitten im Alltag innezuhalten, durchzuatmen, sich nicht leben zu lassen durch äussere Sachzwänge und innere Ansprüche. Frei zu werden für sich selbst. Die befreiende Kraft der Alltagsrituale habe ich in einigen Büchern beschrieben, die vielen Lesenden zur Lebenshilfe geworden sind. In fast allen Veranstaltungen wurde ich mit Rückfragen konfrontiert, die mich immer wieder neu herausgefordert haben. Zusammenfassend kam bei Jung und Alt immer wieder zum Ausdruck, dass in besonderen Stresssituationen und schwierigen Zeiten des Umbruchs die Zeit fehle, sich zu sammeln: „Wenn ich gut bei mir bin, dann nehme ich mir regelmäßig Zeit, um aufzutanken. Bin ich allerdings durch ein hektisches Arbeitsklima oder durch eine schwierige Familiensituation im Sog des Stresses, dann bin ich außer mir und die Zeit für eine Atempause fehlt mir völlig – es kommt mir gar nicht in den Sinn, auf meinen Atem zu achten!"

Diese wenigen Worte – wie sie mir selber auch sehr vertraut sind – führen uns mitten hinein in unseren Zeitgeist, der geprägt ist von Immer-Schneller, Immer-Mehr und Immer-Machbarer. In einem solchen Klima verlieren wir nicht nur unsere Menschlichkeit und unser Mitgefühl, sondern auch unsere Kreativität und unsere Lebensfreude. Mit den folgenden Impulsen stelle ich mich erneut dieser Herausforderung, indem ich für eine Fülle von Lebenssituationen ganz konkrete Atempausen beschreibe. Ich setze dabei besonders den Akzent auf Situationen, in denen wir gefangen sind in der Vorstellung, keine Zeit zu haben. Die Übungen sind in der „Ich-Form" geschrieben, um die Eigenverantwortung der Lesenden zu fördern. Dabei geht es mir nicht nur um eine persönliche Lebensgrundhaltung, sondern auch um das Zusammenhängende, das Ganze, das zu einem echten spirituellen Weg gehört.

Subtile Versklavung

Im Mangel an Zeit für das Wesentliche, für ein lebensnotwendiges Durchatmen erkenne ich eine neue subtile Form der Sklaverei. Wir lassen uns durch menschenfeindliche Strukturen durchs Leben peitschen und verbauen uns dadurch das Glück in unseren Beziehungen und in unserem Arbeiten. „Ich habe keine Zeit" wird zum alles bestimmenden Lebensgefühl. Dem setze ich mit aller Entschiedenheit die Behauptung entgegen, dass jeder und jede von uns Zeit genug hat – dass wir aber unsere Zeit zu wenig nutzen, um den Zugang zu unseren Ressourcen, zu unserem unerschöpflichen Wachstumspotential zu finden. Wir brauchen dringend ein Umdenken in allen unseren Lebensvollzügen – in den ganz persönlichen, wie auch in den sozialen, wirtschaftlichen und ökologischen Zusammenhängen.

Wir brauchen eine neue Kultur der Brachzeit, der Langsamkeit, der Leere, die unsere Lebensqualität fördert, unsere Solidarität nährt und unser Eingebundensein in Schöpfung und Kosmos stärkt. Wir brauchen eine Kultur des Widerstandes für eine menschlichere Welt, in der alle genügend Nahrung und saubere Luft zum Atmen haben.

Wir brauchen einen gesunden Rhythmus mit mehr Zwischenräumen, damit wir uns entschiedener und letztlich mit mehr Effizienz für eine nachhaltige Zukunft ein- und aussetzen können.

Die Kraft des Atems

In der mystischen Tradition aller Religionen habe ich gelernt, dass die Veränderung der Welt bei mir selber beginnt. Ich bin aufgerufen, meine Verantwortung wahrzunehmen in der Gestaltung meiner Beziehungen, meiner Arbeit und meiner Freizeit. Wenn ich einen wohlwollenden Umgang mit mir selber einübe, dann verändert dies unsere Welt. Das tiefe Ein- und Ausatmen eröffnet uns jene befreiende Spur, um gelöster und gelassener im Leben stehen zu können. Damit will ich auf gar keinen Fall die Komplexität und Widersprüchlichkeit unseres

Lebens schönreden und mit ein paar einfachen Übungen verharmlosen. In meiner zwölfjährigen spirituellen Begleitung der unterschiedlichsten Menschen habe ich die Kunst der Einfachheit, die Gabe der Wiederholung, die Kraft der Rituale wieder entdeckt. Menschen, die nicht nur vom Kopf her leben möchten, sondern sich als Leib-Geist-Seele-Einheit entfalten wollen, sind auf die Weisheit der Wiederholung angewiesen. Wir sind aufgerufen, uns halbstündlich jene schöpferische Lebenskraft zu holen, die wir besonders dann brauchen, wenn wir hart gefordert sind im Leben.

Der Atem ist der Schlüssel zu diesem inneren Kraftort.

Der Atem ist zutiefst persönlich, und zugleich verbindet er uns als Lebensatem Gottes mit allem, was lebt.

Der Atem ist Ausdruck des Geschenkcharakters unseres Lebens. Das Wesentliche ist nie machbar, doch wir können Zwischen-Räume schaffen, um ihn zu erfahren.

Der Atem lädt uns ein zu einer Lebensschule, in der wir nicht nur vom Willen her leben, sondern uns dem Fluss des Lebens – eben dem Atemfluss – mehr anvertrauen.

Der Atem führt uns in die Gegenwart, ins Hier und Jetzt, in die Kraft des Augenblicks.

Atempausen für die Seele nenne ich die folgenden Anregungen. C. G. Jung umschreibt die Seele als das Lebendige im Menschen. Es ereignet sich darin das Göttliche, das jede und jeden von uns zu einer einzigartigen und verbindenden Lebendigkeit ruft. Hinter den vielfältigen Übungen steht dieser Respekt vor dieser Einmaligkeit. Je nach Charakter und Temperament, je nach Entwicklungsphase bin ich eingeladen, einige Rituale auszuwählen, um damit in die Tiefe zu gehen. Weniger ist mehr! Mögen wir durch unser Innehalten das Leben in seiner ganzen Fülle feiern, immer wieder neu.

Lausanne, 3. April 2004　　　　　　Pierre Stutz
　　　　　　　　　　　　　　www.pierrestutz.ch

Erstes Kapitel

Meine persönliche Tagesgestaltung – Atem ist Gegenwart

Im Gestalten meines Tages kann ich einen gesunden Rhythmus einüben, der notwendig ist in einer Welt, in der wir vor unzähligen Informationen und Wahlmöglichkeiten stehen. Es ist dies eine Lebensqualität, die wir nicht missen möchten und die zugleich zu viel innerem Stress führen kann: wir spüren die Qual der Wahl. Sich entscheiden zu können, braucht Kraft. Ich kann sie mir holen, indem ich mir den Tag hindurch kleine Zwischenräume gönne. Dabei muss ich nicht sehr viel tun, sondern die Kraft der Langsamkeit und der Entschleunigung kultivieren, indem ich mein Aufstehen, mein Duschen, mein Essen, mein Sitzen, mein Gehen, meinen Arbeitsbeginn, meine Pausen mit kurzen Atem- und Körperübungen beginne. Mit wenigen, unscheinbaren Gesten kann ich ausdrücken, was wirklich wesentlich ist im Leben. Ich erinnere mich und andere, dass wir alle viel mehr sind als unsere Leistung und als unser Erfolg. Mein achtsames Atmen wird zur Meditation, die mich erinnert an das tiefe Eingebundensein in den Lebensatem. Unser Leben lebt vom Rhythmus des Tages und der Nacht, des Ruhens und Arbeitens. In der jüdischen Tradition beginnt der Tag am Abend. Im ersten Schöpfungsbericht heißt es „... und es ward Abend und es ward Morgen, erster Tag ...". Welch ein befreiendes Lebensgefühl, zuerst sein zu dürfen, weil jegliches Wachstum nicht in unserer Hand liegt. Mein dankbares Staunen über dieses Geschenk des Lebens, das sich in jedem Atemzug unserer Existenz erneuert, kann ich durch viele kleine Atempausen vertiefen.

TAG FÜR TAG

meinen Rhythmus finden
dem Leben mit Achtsamkeit begegnen

Stunde um Stunde
die Kraft des Innehaltens feiern
dem Leben mit Staunen begegnen

Minute um Minute
liebevoll Widerstand wagen
für eine Kultur der Langsamkeit

Sekunde um Sekunde
meinem Atemfluss trauen
darin das Verbindende mit allem erkennen

Beim Aufstehen

Schon beim Erwachen können mich verschiedene Gedanken in eine innere Unruhe bringen. Ich bin noch müde, aber mein Kopf ist schon sehr aktiv. Was ich heute nicht alles tun muss! Und erst morgen!! Ein Gedanke hetzt den anderen. Die Gedanken sind frei, sie können weiterbringen, inspirieren – und sie können sehr angstbesetzt sein. Unser Ego will mit immer neuen Gedanken die Kontrolle behalten.

Schon beim Aufstehen kann ich einüben, meinen vielen Gedanken liebevoll-bestimmt Grenzen zu setzen. So gelingt es mir, meinen Tag nicht in einer gedankenzentrierten „Ego-Grundhaltung" zu gestalten, ich versuche vielmehr, Zugänge zu meinem tieferen Selbst zu eröffnen, zu meiner Mitte, wo ich sein darf und wo Achtsamkeit und Mitgefühl entfaltet werden können.

Darum bleibe ich beim Aufstehen einen Moment stehen. Ich nehme mein Ein- und Ausatmen wahr, damit ich meinen denkenden Geist beruhigen kann.

HEUTE

achte ich beim Aufstehen
auf meinen Atemfluss
mein wohltuender Rhythmus
erinnert mich
an den Geschenkcharakter
allen Lebens

Heute
nehme ich beim Duschen
bei meiner Morgentoilette
voller Achtsamkeit
meinen Atem wahr

Heute
lasse ich mich nicht leben
sondern lebe aus meiner atmenden Mitte

Beim Essen

Wir leben in einer hochsüchtigen Gesellschaft – in der wir immer mehr haben und paradoxerweise immer weniger genießen: weil wir alles haben möchten und zwar immer schneller. Hastiges und beiläufiges Essen ist ein Symptom dafür.

Atempausen beim Essen nähren auch unsere Beziehungskraft, so dass wir wieder wahrnehmen, worauf es wirklich ankommt. Im langsamen Essen und Trinken, im aufmerksamen Zuhören können wir uns an Leib und Seele erholen. Darum ermutigen wir einander, beim Essen nicht dauernd über andere oder über unsere Arbeit zu reden, sondern über solche Erfahrungen, die unsere Hoffnung und unser Vertrauen in das Leben nähren. Das bedeutet nicht, eventuelle Konflikte zu verdrängen, aber sie beim Essen zu lassen, um sie allenfalls danach gestärkt und mit mehr Distanz zur Sprache bringen zu können. So ordnen wir unser Zusammensein, ohne uns in ein zwanghaftes Verhalten zu versteifen. Genießenkönnen beim Essen und Trinken ist ein Ausdruck der Dankbarkeit für die Gaben der Schöpfung und eine echte Anerkennung für alle, die die Mahlzeit zubereitet haben.

HEUTE

beim Frühstück einfach dasein
die Stille oder die Musik genießen
angstbesetzte Gedanken vorbeiziehen
lassen wie Wolken
im tiefen Ein- und Ausatmen

Heute
beim Mittagessen keine Arbeitsthemen angehen
die Mahlzeit mit allen Sinnen wahrnehmen
einander erinnern an die Kraft des Augenblicks
sich stärken im langsamen Essen und Trinken

Heute
beim Abendessen einander zuhören
mit einer brennenden Kerze auf dem Tisch
einander zum persönlichen Erfahrungsaustausch
ermutigen
die Mahlzeit und die Augen-Blicke genießen
können

In der Mittagspause

In der Mittagspause liegt die Chance, Druck abzugeben.

Da sind jene Momente, in denen wir uns durch wohltuende Bewegungen lockern können.

Es sind die Zeiten, in denen wir uns erinnern können, dass wir viel mehr sind als unsere Leistungen.

Beim Essen zu essen und nicht eigentlich an etwas anderes zu denken, ein kurzer Spaziergang, mittags auf meinem Weg an einem Brunnen zu verweilen, ein Gang durch den Garten kann durch die bewusste Wahrnehmung des Atems zu einer Kraftquelle werden. Beim Gehen spüre ich den Boden unter meinen Füßen.

Die Mitte des Tages lädt mich ein, die Augen zu schließen und tief durchzuatmen, um dabei all den Druck abzugeben, den ich auf mich genommen habe und der mich hindern wird, gelöster im Leben zu stehen.

HEUTE

gebe ich in der Mitte des Tages
bewusst Druck ab
im tiefen Ein- und Ausatmen
mein Bodenkontakt verhilft mir
zu diesem wohltuenden Innehalten

Heute
lockere ich vor dem Essen
meinen Schulterbereich
ich atme in meine Verspannungen hinein
damit das Essen zum Genuss wird

Heute
erinnere ich mich am Mittag
wie ich durch meine Atempause
die Friedenskraft weltweit verstärken kann
in der Verbundenheit mit allen Menschen
guten Willens

Am Abend

Meditation, innere Sammlung durch Atempausen geschieht für mich nicht nur im schweigenden Dasein, sondern auch in der Bewegung. Entscheidend ist mein Bewusstsein: dass ich nämlich auch beim Joggen, beim Schwimmen, beim Spaziergang mit dem Hund, beim Fahrradfahren meditieren kann. Der Schlüssel liegt in meiner Konzentration auf den Atem, so dass die Gedanken mich nicht bestimmen können. Sie würden mir keine Zeit lassen, den heutigen Tag zu vertiefen, weil sie weit voraus in die Zukunft springen. Die beste Vorbereitung für das Wahrnehmen meiner Verantwortung in der Zukunft liegt im intensiven und regelmäßigen Einüben des Daseins in der Gegenwart. Dabei kann die Bewegung eine Hilfe sein, wenn ich auf meinen Atemfluss, auf die Bewegung meines Körpers und auf meinen Herzschlag achte. So ist meine ganze Wahrnehmung auf das Hier und Jetzt konzentriert und ich kann mit Geist-Leib-Seele in der Bewegung zur inneren Ruhe finden.

Heute

bewege ich mich nach der Arbeit
ich hole mir wieder
was ich zutiefst brauche
für mein Wohlergehen

Heute
wird mein Jogging zur Meditation
weil ich auf meinen Atem achte
der mich auf den Lebensatem Gottes verweist
der mich verbindet mit aller Kreatur

Heute
suche ich in der Bewegung
jenen lebensnotwendigen Ausgleich
der nicht nur mein Gleichgewicht fördert
sondern eine menschliche Atmosphäre bewirkt

Vor dem Einschlafen

Ich kenne keinen spirituellen Weg, der nicht ein Weg des Loslassens ist. Echtes Loslassen wird nur möglich, wenn ich mich Tag für Tag auf das Leben mit all seinen schönen und mühsamen Seiten einlasse. Vor dem Einschlafen finde ich eine Form, die mir hilft, den heutigen Tag besser loslassen zu können. Es kann ein Spaziergang sein, ein bewusstes Dastehen unter dem Sternenhimmel, das Genießen einer Tasse Tee oder eines Glases Wein, das Tagebuchschreiben, das Meditieren im schweigenden Dasitzen, das laute Vorlesen eines Meditationstextes.

Wie auch immer: der Atem wird mich begleiten in diesem achtsamen Abschluss meines Tages. Er wird mich auch erinnern, dass sogar in meinem Schlaf der Atem mich verbindet mit Schöpfung und Kosmos.

HEUTE

verweile ich im tiefen Ein- und Ausatmen
am Ende eines reichen Tages
damit ich das Beglückende und Mühsame
des Tages loslassen kann

Heute
achte ich in der Stille der Nacht
vor dem Einschlafen auf meinen Atemfluss
er erinnert mich an den Lebensatem Gottes in allem
der mir auch im Schlaf Erholung bringen wird

Heute
danke ich durch mein aufmerksames Atmen
dem Leben für seine Fülle
die in meiner Tiefe immer schon auf mich wartet
und mich auch zum Ausruhen bestärkt

Zweites Kapitel

Innehalten am Arbeitsplatz – Atemholen

IN UNSERER HEUTIGEN Arbeitswelt kommt am deutlichsten zum Ausdruck, wie einseitig unsere Lebenseinstellung geworden ist. Uralte Lebensweisheiten sind uns abhanden gekommen, die in einem regelmäßigen Innehalten den Schlüssel zu einer schöpferischen und auch effizienten Arbeit sehen. Lao Tse sagt es in wenigen Worten: „Somit entsteht der Gewinn durch das, was ist, erst durch das, was nicht da ist." In kurzen Momenten des Durchatmens kann Entscheidendes entstehen. Kurze Körperübungen geben dem Nichts, der Leere, eine Chance, dass Inspiration, Lebensatem, neue Motivation wieder Raum finden. Natürlich braucht es auch auf der gesellschaftlichen Ebene und darüber hinaus strukturelle Veränderungen, die zu einer Globalisierung der Gerechtigkeit führen. Dieser Weg konkretisiert sich auch durch mich, im Widerstand für ein wohltuendes Arbeitsklima, das sich nicht durch sinnlosen Stress fremdbestimmen lässt. Es geht dabei um ein beherztes Arbeiten, um emotionale Intelligenz. Der Psychologe und Unternehmensberater John Selby redet von der Intelligenz des Herzens, weil neuere Untersuchungen der Neurokardiologie von „einer intensiven Interaktion zwischen dem Herzen und dem emotionalen Gehirn sprechen ... Aufgrund dieser Tatsachen beginnen fortschrittliche Neurologen das Herz als ‚fünftes Gehirn' zu betrachten." (*Was mich stark macht*, München 2003, S. 141). Hier liegt eine klare Spur zu einem anderen Arbeitsstil, in dem wir als ganze Menschen, mit Vernunft und Herz, mit Leib-Geist-Seele uns entfalten können. Dazu gehört ein gesunder Rhythmus mit vielen Atempausen, die uns einerseits beflügeln können und die uns andererseits helfen, auch mühsame Durststrecken anzunehmen und verwandeln zu lassen. So entfremdet uns die Arbeit nicht Tag für Tag; wir können vielmehr in ihr ganz aufgehen, uns sogar vergessen in einer schöpferischen Kreativität, die wie die Erholung zu unserem Menschsein gehört.

ATEMPAUSEN

am Arbeitsplatz
regelmässig innehalten
meine Kräfte sammeln
den Zugang zu meinen Ressourcen finden

Atempausen
am Arbeitsort
mitgestalten an einer wohltuenden Atmosphäre
die neben dem intensiven Arbeiten
auch der Kraft der Erholung traut

Atempausen
am Arbeitsplatz
Widerstand wagen für ein beherztes Tun
das inspiriert zu schöpferischer Kreativität
die auch Raum schafft für ein lachendes
Aufatmen

Auf dem Arbeitsweg

In vielen kleinen Gesten bringen wir zum Ausdruck, ob wir Menschen uns definieren über das, was wir tun, über Anstrengung und Leistung, oder ob uns eine einmalige Würde bewohnt. Kleine, unscheinbare Rituale können eine Wirkung haben auf unsere Arbeitseinstellung. Wer mit dem Auto zur Arbeit fährt, kann die Geste des Anschnallens der Gurte als Symbol verstehen.

Völlig lächerlich?! Überhaupt nicht! Schon ein achtsames, langsames Anschnallen kann zum Ausdruck werden meines verantwortungsvollen Umgangs mit mir und anderen. Wer mit der Strassen- oder S-Bahn zur Arbeit fährt, der kann in einigen Momenten des bewussten, aufrechten Dasitzens dem Tag schon eine andere Bedeutung geben – und die Perspektive des regelmässigen Durchatmens.

Wer zu Fuss geht oder per Fahrrad zur Arbeit fährt, dem kann ein Blick zum Himmel, ein Hören auf das Singen der Vögel zur Meditation werden, zur Einsicht des Eingebundenseins in eine grössere Wirklichkeit.

Beim Betreten des Arbeitsortes

Unscheinbare äussere Gewohnheiten sind Ausdruck meiner Innerlichkeit. Betrete ich meinen Arbeitsort in der Haltung, schon an der Tür zum Büro im Zimmer zu sein, beim Betreten schon am Schreibtisch zu sitzen, und schon einige Dinge aufs Mal erledigt zu haben, noch ehe der Computer eingeschaltet ist, so sagt dies sehr viel über mich aus. Es geht dabei um die zentrale spirituelle Frage, ob ich so lebe, als ob ich immer schon weiter sein müsste, weil das, was da ist in diesem Moment, nicht genügt. Mein achtsames Eintreten am Arbeitsort, mein langsames Treppensteigen, das meinem ganzen Körper gut tut, werden zum Sinnbild eines menschenwürdigen Arbeitens. So werde ich beim Arbeiten nicht dauernd außer mir sein, nicht andauernd auf dem Sprung; es gelingt mir dann, vermehrt bei der Sache zu sein, in der Gegenwart, und das, was ich tue, ganz und richtig zu tun.

Beim Arbeitsanfang

Die Kraft des Anfangs ist nicht zu unterschätzen. Ich kenne zu gut jene Tage, die ich in Hektik beginne und die mich wie in einem Dominospiel von einer Situation in die andere treiben. Es ist wie ein Gefangensein in einer eindimensionalen Welt, in der allein schon Gedanken an ein Aufatmen keinen Platz mehr haben. Im Extremfall können Tage, Wochen vergehen, in denen wir uns fremdbestimmen lassen von einem zermürbendem Arbeitsklima. Es kann so weit gehen, dass wir ohne Hilfe von aussen wie in einer Supervision oder Organisationsberatung wirksame Verbesserungen gar nicht mehr entdecken können.

Das Annehmen von Hilfe ist eine bedeutsame Atempause für die Seele. Da kann ich einen anderen Umgang mit mir selber und mit den anderen einüben, der sich auch im täglichen Anfang meiner Arbeit konkretisieren kann.

HEUTE

stehe ich einen Moment da
vor meinem Arbeitsbeginn
ich atme tief durch
ich stehe zu mir
zu meinen Stärken
zu meinen Grenzen

Heute
stehe ich ein
für ein menschliches Arbeitsklima
ich lasse mich nicht stressen
sondern werde regelmässig
einen Moment stehenbleiben
um meinen Stand-punkt einzubringen

Beim Einschalten des Computers

Nie hätte ich gedacht, dass auch mein Computer ein spiritueller Begleiter sein kann. Wenn ich ihn einschalte, dann holt er sich doch in aller Ruhe seine Programme. Bevor ich etwas von ihm erhalte, sammelt er sich. Er lässt sich dabei nicht aus der Ruhe bringen, ganz im Gegenteil! Wenn ich besonders schnell etwas von ihm will, dann macht mein PC extra langsam!!

Dies ist ein kleines, alltägliches, banales Beispiel – das mir etwas Wichtiges aufzeigen kann. Wenn ich beim Einschalten gefangen bin in der Vorstellung, alles müsste sehr schnell gehen, dann ärgere ich mich über die Langsamkeit meines Computers. Ich bin blockiert in der Vorstellung, keine Zeit zum Warten zu haben. Würde ich diese Zeit nutzen und genau dasselbe tun wie mein PC, dann könnte sich mein Verkrampftsein verwandeln. Seit ich mir dieser Situation bewusst bin, übe ich beim Computereinschalten einen anderen Arbeitsstil ein. Ich sitze aufrecht da, atme tief durch und ich lockere meine Schultern beim Warten. Ich sitze beim Sitzen und verliere keine Zeit – ich gewinne vielmehr ein wenig mehr Lebensqualität.

HEUTE

sitze ich den Tag nicht ab
sondern ich achte regelmässig
auf mein Dasitzen:
ich atme tief ein und aus
ich bin mit beiden Füssen auf dem Boden
ich richte mich auf
ich lockere meine Schultern

Heute
sitze ich
wenn ich sitze
so kann sich vieles setzen
damit mein Arbeiten grund-legend verändert
wird

Regelmässiges Entspannen

Zu verantwortungsvollem Arbeiten gehört die Sorge um das eigene Wohlergehen und die eigene Gesundheit. Wer regelmässig durchatmet, innehält, der verwandelt nicht nur sich selber, sondern auch die Arbeitsatmosphäre. Dieses Klima hat letztlich eine Wirkung auf die ganze Welt. Ich kann den Stress verstärken – oder beitragen zu einer friedvolleren Welt. Atempausen erinnern uns an diese vernetzte Wirklichkeit: Wir sind nie Einzelne oder Einzelner, sondern immer Teil eines Ganzen. Diese Rückverbindung – im Lateinischen heisst sie *re-ligio* – stärkt unser Rückgrat, damit wir mitarbeiten können an gerechten Arbeitsbedingungen, die die Menschenrechte und eine ökologische Achtsamkeit fördern. So gesehen sind die folgenden Entspannungsübungen nicht nur Privatsache, sondern Ausdruck eines verantwortungsvollen Umgangs mit sich selber, mit den anderen und der Mitwelt. Halbstündlich nehme ich mir Zeit für die eine oder andere der folgenden Übungen.

Mich strecken
beim Aufstehen
räkeln
gähnen
stöhnen

Beim Aufstehen
bewusst ohne Schuhe
mit beiden Füssen
auf dem Boden stehen
bei jedem Ausatmen
mich noch tiefer auf meinen Grund einlassen
nicht alles im Schulterbereich festhalten
sondern Druck abgeben
mich tragen lassen

Ich schüttele mich
alle Körperteile schüttele ich aus
die Hände
die Arme
die Füße
die Beine
durch mein tiefes und lautes Atmen
konkret loslassen können

Mich gehen lassen
mich durchschütteln
mich nach vorne beugen
Kopf und Schultern schütteln
mich ganz durchschütteln lassen

Meine Schultern lockern
beim Sitzen oder Stehen
die Schultern hochziehen beim Einatmen
einen Moment innehalten
sie fallen lassen beim Ausatmen

Meine Schultern lockern
durch wohltuende Kreisbewegungen
im Auf- und Abheben
Druck abgeben
mich auch innerlich bewegen lassen

Meine Hände reiben
meinen Energiefluss aktivieren
im tiefen Durchatmen
mich innerlich beleben lassen

Meine Hände reiben
mich lockern lassen
meinem Handlungsspielraum
neue Weite schenken

Meine Augen schliessen
um klarer zu sehen
einen Moment Distanz schaffen
zu den Ereignissen
im tiefen Ein- und Ausatmen

Meine Augen schließen
um wahrzunehmen
dass ich eingebunden bin
in eine größere Wirklichkeit
den Lebensatem Gottes

Meine Augen schliessen
innehalten
einfach dasein
Kraft schöpfen
im Hier und Jetzt

Durchatmen in den Pausen

Die Arbeitspause ist eine gute Möglichkeit, um wahrzunehmen, was mir wirklich hilft, meine Arbeit zu unterbrechen. Für die einen ist es das Kaffee- oder Teetrinken, für andere ist ein kleiner Spaziergang im Freien regenerierend ... Es lohnt sich, den folgenden einfachen Fragen nachzugehen, weil sich in den Antworten auch Lebensthemen zeigen:

Hole ich mich mir wirklich, was ich brauche?
Wage ich zu dem zu stehen, was mir gut tut?
Suche ich mir Verbündete, die mich unterstützen?

Eine wirkliche Pausen-Kultur zu schaffen, in der nicht wieder über die Arbeit gesprochen wird, ist gar nicht so einfach. Es ist hilfreich, sich die Zeit zu gönnen, um auch darüber im Team zu sprechen.

Einander zu Zwischenräumen ermutigen

mitten im Arbeitsprozess
weil dadurch unsere Würde sichtbar wird

Einander zu Leerräumen bestärken
mitten im Organisieren
weil dadurch unsere Kreativität verstärkt wird

Einander zu Spielräumen motivieren
mitten im Entwickeln von Konzepten
weil dadurch Visionen entstehen können

Mittags-Pause

Die Mittagspause kann mich auf meinem inneren Weg zu mehr Atempausen in meinem Leben und Arbeiten gut unterstützen. Folgende Anregungen können für mich hilfreich sein:

- Vor dem Verlassen des Arbeitsplatzes schließe ich einen kurzen Moment die Augen, atme tief durch und versuche meine Arbeit sich setzen zu lassen.
- Ich schließe bewusst meinen Terminkalender als äußeres Zeichen für meinen Wunsch nach Entspannung in der Mittagszeit.
- Ich kultiviere ein langsames Essen und Trinken, damit ich die Mahlzeiten genießen kann und sie mir an Leib und Seele Nahrung schenken.
- Ich gönne mir einen Spaziergang, verweile einen Moment draußen in einem Park, bei einem Brunnen, einem Baum.
- Ich „erlaube" mir draußen eine Körperübung – was die anderen wohl denken!? –, hüpfe auf und ab, hüpfe und gebrauche sogar meine Stimme dazu.

- Einmal pro Woche verzichte ich auf die Mittagsmahlzeit, um schwimmen oder joggen zu können.

MITTEN IM TAG

mich erinnern an die Kraft des Auftankens
den Zugang zu meiner Mitte suchen
mehr oder weniger
im einfachen Innehalten

Mitten im Tag
mich erinnern an die Kraft des Aufatmens
Druck abgeben
mich durch Lockerungsübungen
entspannen lassen

Mitten im Tag
mich erinnern an die Kraft des Erholens
mich bewegen im Freien
verweilen in der Schöpfung
einfach staunend dasein

In Stresssituationen

Wenn ich in meiner Arbeit sehr gefordert bin, dann meine ich, dass ich mich besonders *zusammennehmen* muss und dass für Entspannung sicher keine Zeit ist. Das ist ein Reflex, den ich seit Kindesbeinen kenne – ich habe ihn verinnerlicht. So entziehe ich mir meinen Zugang zu meinen Ressourcen und verkrampfe mich immer mehr. Würde ich tatsächlich im wörtlichen Sinne tun, was ich sage, dann würde ich meine Kräfte wirklich *zusammennehmen* – aber: um mich gehen zu lassen. Je mehr Anforderungen durch Sachzwänge und innere Ansprüche auf mich zukommen, umso mehr bin ich aufgerufen, Sorge für mich zu tragen und mir Nischen des Aufatmens zu schaffen; sonst werde ich kurzatmig, ja regelrecht atemlos. Dadurch verlasse ich die Opferhaltung und nehme mein Leben selber in die Hand. Wenn ich mir in Stresssituationen Momente zum Aufatmen nehme, kann ich in jahrelangen Prozessen lernen, mich nicht ausnützen zu lassen und mich zu wehren. Ich kann lernen, Prioritäten zu setzen, indem ich eine ordnende Struktur in meinem Arbeiten fördere. Es sind solche existenziellen Themen, die ich auch angehe, wenn ich gerade in schwierigen Gesprächen erst recht auf meinen Atem und auf meine Füße achte. Es kann Jahre dauern, den Reflex der Verkrampfung zu verändern. Aber immer wieder mache ich mir bewußt: statt angstvoll die Füße hochzuziehen und mir selber den Boden zu entziehen, nehme ich Kontakt auf mit meinem Grund: dadurch erahne ich den Urgrund allen Lebens, der zum Arbeiten und zum Sabbat, zur Ruhepause, bestärkt.

IN SCHWIERIGEN GESPRÄCHEN

erst recht mit beiden Füßen
auf dem Boden stehen
tief durchatmen
um nicht außer mir zu sein
sondern aus meiner Lebenskraft heraus
mich ein- und aussetzen zu können

In schwierigen Arbeitssituationen
erst recht Sorge tragen für mich
mich beraten lassen
um nicht fremdbestimmt zu bleiben
sondern verantwortungsvoll
mich einbringen zu können

Mein Anfang am Nachmittag

Bei meinem Start in die Nachmittagsarbeit kann ich mich erinnern an die Worte des Mystikers Meister Eckhart: „Die entscheidende Frage im Leben ist nicht, was wir tun, sondern wer wir sind." Dies sagt einer, der vieles in seinem Leben in einer beeindruckenden Kreativität geleistet hat. Die schöpferische Kraft des Arbeitens gehört zu unserem Leben, zu unserem Glück. Doch die entscheidende Frage bleibt, ob wir uns verirren in der Vorstellung, nur über Leistung Anerkennung, Zufriedenheit erhalten zu können. Mit jeder Atempause erneuere ich die Hoffnung, vermehrt aus dem Sein leben zu können. Aus dem Sein leben, das ist nicht nur im Ruhen und Verweilen möglich, sondern auch im ausgeglichenen Arbeiten. Darum achte ich in all den Momenten der Müdigkeit, die sich am Beginn eines Nachmittags bemerkbar machen, auf mein tiefes Ein- und Ausatmen. Ich habe ein Glas Wasser bei mir, das mich zwischendurch erfrischt. So belebe ich mein Arbeiten in einem gesunden Rhythmus.

AUS MEINEM SEIN SCHÖPFEN

nicht immer mehr haben wollen
mein Vertrauen stärken
in meine Kernkompetenz

Aus dem Sein leben
mich nicht verplanen lassen
meine Hoffnung stärken
in meine Beziehungskraft

Aus dem Sein wirken
aus meinen Ressourcen leben
die mir einen Rhythmus schenken
der Kreativität und Effizienz fördert

Meine Arbeit abschließen

Anfang und Abschluss sind kleine, wichtige Übergänge im Leben. Dies gilt auch für meinen Arbeitsprozess.

In allen Kulturen sind Rituale in den Übergangszeiten entstanden. Sie helfen den Menschen, sich zu besinnen auf die wirkliche Lebenskraft. So darf nicht unterschätzt werden, wie wohltuend ein täglicher guter Abschluss der Arbeit sein kann. Damit lege ich die Spur, um nicht die ganze Arbeit mit nach Hause zu nehmen – und sei es „nur" im Kopf. Damit schaffe ich für den Neuanfang am kommenden Tag eine beruhigende Wirkung.
Mein äußeres Ordnen meines Arbeitsplatzes wird so zum inneren Ordnen, zum Aufräumen. Dabei kann mir ein uraltes Psalmwort richtungsweisend sein, dass mein Bemühen wohl wichtig ist, dass das Gelingen einer Arbeit aber nicht nur in meiner Hand liegt:

„Wenn du das Haus nicht baust, ist alle Mühe umsonst" (Psalm 127,1), sagt der Psalmdichter zu seinem Gott.

MEINE ARBEIT RUHEN LASSEN

am Ende eines Tages
im tiefen Ein- und Ausatmen
zufrieden werden
mit dem, was heute möglich war

Mein Tun ruhen lassen
trotz aller Unvollkommenheit
einen guten Abschluss finden
der im ordnenden Aufräumen
äußerlich wie innerlich beruhigt

BEIM ARBEITSABSCHLUSS

einen Moment sitzen bleiben
meine Augen schließen
tief ein- und ausatmen
die Tagesereignisse setzen lassen

Beim Arbeitsende
einen Moment innehalten
mit den inneren Augen sehen
was kraftvoll und gut und was mühsam war
um beides für heute lassen zu können

Beim Arbeitsabschluss
im schweigenden Dasitzen
die tiefere Verbindung spüren
mit dem Lebensatem Gottes
der zum Ausruhen bestärkt

BEIM WEGGEHEN

einen Moment stehen bleiben
die Augen schließen
tief ein- und ausatmen

Beim Verlassen des Arbeitsplatzes
bewusst stehen bleiben
nochmals meinen heutigen
Standpunkt bewusst wahrnehmen

Beim Hinausgehen
zu mir stehen
zu meinen Fehlern und Stärken
um sie für heute lassen zu können

Das Ganze sehen

Die lateinische Wurzel des Wortes Spiritualität findet sich im Verb *spirare*, was ganz einfach (!) atmen bedeutet. Meine Atempausen am Arbeitsplatz sind darum in einem grösseren Zusammenhang zu sehen. Mein Atem ist nicht nur sehr persönlich, sondern auch Ausdruck meiner Lebens- und Arbeitseinstellung. Die vielen kleinen Momente des Durchatmens haben eine Wirkung auf der ganzen Welt. Ich sehe sie als Widerstandsakte für eine menschlichere Arbeitswelt im Sinne eines „Weltethos für Weltpolitik und Weltwirtschaft", wie dies Hans Küng postuliert. Dazu braucht es strukturelle Reformen, die dem Wahnsinn einer unmenschlichen Fortschrittsgläubigkeit einen gesunden Rhythmus im Arbeiten entgegenhalten. Solche notwendigen Reformen beginnen bei mir selber, beim bewussten Gestalten meiner Arbeitspraxis in Achtsamkeit und Mitgefühl.

Teil eines Ganzen sein

mein achtsames Atmen
als Widerstandskraft sehen
für eine menschlichere Arbeitswelt

Eingebunden sein
in eine große Weggemeinschaft
von Menschen guten Willens
die faire Arbeitsbedingungen fördern

Vernetzt sein
in einen solidarischen Aufbruch
für ein tolerantes Mitgefühl
mit allen Erwerbslosen

MEINER ATEMLOSIGKEIT

Einhalt gebieten
meinen Atemrhythmus finden
als Ausdruck meiner Würde

Die Atemlosigkeit in der Arbeitswelt
entschieden durchbrechen
durch eine Kultur der Achtsamkeit
die neue Kreativität beinhaltet

Unserer Atemlosigkeit
lebensfördernde Strukturen entgegenhalten
die auch Erwerbslose ermutigen
mit langem Atem eine neue Arbeit zu finden

MITGESTALTEN

an einem Arbeitsklima
das Menschen aufrichtet und
zum Entfalten ihrer Kompetenzen führt

Mitwirken
an einem fairen Handel
der allen Menschen weltweit
menschenwürdiges Arbeiten ermöglicht

Mitbestimmen
an einem Arbeitsethos
das nicht das Kapital
sondern den Menschen ins Zentrum stellt

Drittes Kapitel

Freie Zeit in der Freizeit! – Durchatmen

Wie sehr unsere Gesellschaft Atempausen braucht, zeigt sich an unserem Verhalten in der Freizeit. Wir leben durchschnittlich so lange wie nie zuvor in der Geschichte der Menschheit, und doch haben wir viel zu wenig Lebenszeit. Wir hatten noch nie soviel Freizeit, und doch lassen wir uns antreiben von Hektik und Eile. Beschleunigung ist angesagt in unserer Nonstopgesellschaft! Unsere Freizeit ist besetzt von einer Konsumpflicht, die uns dauernd das Gefühl gibt, etwas Wichtiges zu verpassen. Darum fällt es uns so schwer, gegenwärtig zu sein. Marianne Gronemeyer, Professorin für Erziehungswissenschaften in Mainz, spricht von der Freizeit als „Pflichtzeit", in der wir auf bedürftige Mängelwesen reduziert werden, die alles tun, um sich einer tödlichen Langeweile zu entreißen. Das unaufhaltsame Drehen im Hamsterrad wird zum Lebensprogramm, das schon Kindern einen vollen Terminkalender zumutet. Bei Menschen, die keinen Stress haben, stimmt doch irgendetwas nicht! Es kann doch nicht sein, dass sie der Maschinerie der Beschleunigung entkommen sind! Die gnadenlose Schnelligkeit lässt immer mehr Menschen krank werden an unserer Gesellschaft. Schlaflosigkeit, chronische Erkrankungen, Depression, Herzinfarkt sind klare Signale, die zum Entdecken von wieder-kehrenden Rhythmen aufrufen. So wie wir einander Stress machen können, können wir einander auch zu einer regenerierenden Freizeitgestaltung bestärken.

MEINE FREIZEIT

als freie Zeit erfahren
als Zeit des Nichtstuns
als Zeit des Auftankens

Unsere Freizeit
als erholende Zeit gestalten
als Zeit der Verweilens
als Zeit des Spielens

Meine Freizeit
als Atempause erleben
als belebende Brachzeit
als erholsame Ruhezeit

Urmenschliche Bedürfnisse neu entdecken

Michael Endes Kinderbuch „Momo" ist in unserer Zeit der Beschleunigung aktueller denn je. Es ist in ihm von den „Zeitsparern" die Rede, von grauen Männern, die die Menschen in die Hektik des Zeitsparens treiben, so dass sie nie mehr wirklich Zeit haben im Leben. Tatsächlich scheint uns dieses lebensfeindliche, diffuse Zeitgefühl zu beherrschen – doch wir sind ihm nicht bedingungslos ausgeliefert.
Wir können miteinander Widerstand wagen für eine neue Lebensqualität, in der zentrale menschliche Urbedürfnisse wie Lauschen, Staunen, Verweilen, Sich besinnen, Spielen und Zuhören gefördert werden und regelmäßig wiederkehren können. Es gilt die Schönheit des Wieder-holens zu entdecken, die uns an Leib-Geist-Seele wirkliche Atempausen ermöglichen wird.
Auch im Wahrnehmen der Elemente finden wir zu einem Atemrhythmus, der uns stärkt: in der ruhigen oder stürmischen Luft, am fließenden

Wasser, auf der zuverlässigen Erde oder am
wohltuenden Feuer.

WIRKLICH MENSCH SEIN KÖNNEN

der Kraft des einfachen Daseins trauen
staunen und lauschen können

Wirklich Mensch sein können
der Kraft des Augenblicks trauen
verweilen und spielen können

Wirklich Mensch sein können
der Kraft des Wiederholens trauen
sich besinnen und zuhören können

LAUSCHEN KÖNNEN

mich ins Freie setzen
horchen auf den Wind
hören auf die Vögel

Ganz Ohr sein
beim Spazieren durch Feld und Wald
durch mein achtsames Atmen und Gehen
frei sein von Gedanken

Zuhören können
auf meine Herzensstimme horchen
deine Worte wahrnehmen
gegenwärtig sein im Gespräch

VERWEILEN KÖNNEN

in meiner freien Zeit
zweckfrei dasein
heute nichts tun müssen

Ausruhen können
in meiner Freizeit
alles vertiefen
was ich erlebt habe

Dasein können
auf die Stille hören
die durch meine Unruhe
zur inneren Ruhe führen wird

STAUNEN KÖNNEN

die Wunder des Lebens entdecken
in den verschiedenen Regentropfen
im Einatmen der Blumendüfte

Staunen können
den Überraschungen des Lebens begegnen
im langsamen Durchstreifen des Waldes
im Daliegen auf einer Blumenwiese

Staunen können
die Fülle des Lebens erfahren
wenn ich langsam durch den Garten gehe
den Himmel beobachte

Spielen können

sich ganz vergessen
weil Raum und Zeit
wie aufgehoben sind

Spielen können
gemeinsam zeit-los sein
einander intensiv begegnen
im Genießen der Kreativität

Spielen können
gemeinsam lachen und weinen
neuen Handlungsspielraum erhalten
im zweckfreien Dasein

Sich besinnen können

im Schliessen der Augen
im tiefen Durchatmen
die gemachten Erfahrungen
nochmals innerlich anschauen

Sich besinnen können
im langsamen Durchschreiten
meines Lebens beim Wandern
Schritt für Schritt
sich von Schwerem lösen können

Dasein am Wasser

dem Lebensfluss zuhören
die Gedanken fortfließen lassen
gegenwärtig sein

Verweilen am Wasser
aufmerksam beobachten
wie die vielen wieder-holenden Bewegungen
der Fische mich zur Ruhe führen können

Verweilen am Wasser
achtsam wahrnehmen
wie ich durch meinen Leib
mit diesem Urelement tief verbunden bin

Auf das Feuer horchen

in die Flammen schauen
um mein inneres Feuer zu entdecken
das mich selber Feuer und Flamme werden lässt

Am Feuer verweilen
schweigend miteinander dasein
im verbindenden Kreis
der zur Nahrung für die Seele wird

Beim Feuer sitzen
einander Hoffnungsgeschichten erzählen
die Menschen mit ihrem inneren Licht
aufscheinen lassen

Wandern können

durch die Wunder der Schöpfung
im schweigenden Unterwegssein
intensiver wahrnehmen was schon da ist

Wandern können
Auf- und Abstieg als Sinnbild
eines bewegten Lebens erkennen
zum dem immer Hoch und Tief gehören

Wandern können
durch die Leichtigkeit des Seins
befreit lachen können
losgelöst von allen Alltagssorgen

Kreative Freizeit

Noch nie hatten wir so viele Informationen und Bilder um uns herum, die uns begegnen und um unsere Aufmerksamkeit werben. Sie erschweren uns, auf unsere inneren Bilder zu schauen, auf unser unerschöpfliches Wachstumspotential, das jede und jeden von uns zu einer lebenslangen Kreativität befähigt. Im Entdecken der Leere in unserem Leben setzen wir bewusst einen Gegen-Satz zu einer übervollen Weltsicht, die uns immer sinnloser erscheinen kann. Wer die Bilder von außen, die er aufgenommen hat, nochmals anschaut, kann sie dann auch wieder besser loslassen. Mit der Entschleunigung beginnt der Weg zur Langsamkeit. Da entsteht ein neuer Freiraum für die Intuition und für die Lebensweisheit, dass weniger mehr ist. So wird die Freizeit zur Zeit, in der ich vorerst einfach sein darf, so dass dadurch ein Ausgleich entsteht zu meinem dichten Lebensprogramm. In diesem Nichtstun, in dem wir nicht konsumieren, sondern immer ruhiger werden, kann eine innere schöpferische Kraft entstehen. Es ist dies eine lebensnährende Kreativität, die nicht außerhalb und bei anderen sucht, was längst auch schon in mir selber angelegt ist. Wenn ich langsam geworden bin und ruhiger und mich mehr auf Innen konzentriere als auf Außen, brauche ich nicht immer Neues, sondern werde kreativ in der Wieder-holung dessen, was mich innerlich wirklich nährt. So unterstütze ich in unserer hochsüchtigen Gesellschaft jene Lebenseinstellung, die nicht immer mehr haben muss, sondern wirklich genießen und auskosten kann, was schon da ist.

MEINE FREIE ZEIT

durch-atmen
ruhiger werden
nicht mehr haben wollen
sondern mehr sein können

Meine Freizeit
langsam durchschreiten
gelassener werden
im Wahrnehmen
meines schöpferischen Potentials

Meine Freizeit
wirklich genießen können
dankbarer werden
im tiefen Ein- und Ausatmen
all meine Erfahrungen vertiefen

KREATIV WERDEN

mich nicht vergleichen mit den anderen
meine inneren Schätze sehen
die noch mehr entfaltet werden möchten

Frei werden
von einengenden Vorstellungen
die mich hinter meinen Talenten
stecken bleiben lassen

Offen werden
für meine Intuition
die mich künstlerisch werden lässt
auf meine ureigene Art und Weise

VIERTES KAPITEL

Umgang mit meinen Schattenseiten – Atem schenkt Ruhe

DIE INTEGRATION meiner Schattenseiten ist ein wichtiger Aspekt auf meinem spirituellen Weg. Mein achtsamer Umgang mit meinem Atem kann mir dabei eine wertvolle Unterstützung sein. Mein Atem ist das Sinnbild des Lebensflusses. In dieser Lebensgrundhaltung bekämpfe ich meine destruktiven, dunklen Seiten nicht, sondern ich nehme sie wahr, damit ich sie gestalten kann. Ich verdränge sie nicht, sondern finde einen Zugang zu ihnen. Ich trete mit ihnen in einen Dialog, damit sie mich nicht unbewusst bestimmen oder sogar terrorisieren können. Das aufmerksame Atmen hilft mir, mich selber besser kennen zu lernen mit all meinen Licht- und Schattenseiten. Dies wird eine lebenslange Aufgabe bleiben. Ich werde nie damit fertig sein, obwohl ich dabei immer mehr Mensch, immer mehr ich selber werden kann.

Ein Mensch, der seine Stärken entfaltet und zu seinen Grenzen steht. Ein Mensch, der auch in seinen Schwächen, in seinen Verwundungen jene Stärken, jene Wachstumschancen erahnt, die ihn zu einem toleranten und solidarischen Mitmenschen werden lassen. Atempausen eröffnen mir den Zugang zu meinen Gefühlen. Ich versuche sie anzuschauen, ohne sie zu bewerten, ohne zu urteilen. Da liegt der tiefere, therapeutische Sinn meiner Atempausen: nicht bewerten, nicht beurteilen, sondern wohlwollend wahrnehmen, was ist. So übe ich einen authentischen Weg ein, auf dem ich mir und anderen nicht dauernd etwas vormache. Dieser innere Atem-Weg kann mich verunsichern, in mir einiges auslösen und aufwühlen: Ich bin dabei auf Hilfe, auf Begleitung, auf Unterstützung angewiesen. Eine Psychotherapie, eine spirituelle Begleitung, eine regelmäßige Teilnahme in einer Selbsthilfegruppe, Besuche von Seminaren oder Besinnungstagen lassen mich erfahren, dass ich es nicht alleine schaffen muss, auch wenn ich selber durch Blockierungen oder Verwundungen hindurch muss. Die folgenden

Impulse sind in diesem großen Zusammenhang zu sehen, in einer umfassenden Persönlichkeitsbildung, wie ich sie in vielen meiner Bücher differenzierter beschrieben habe. Als spiritueller Mensch darf ich auf diesem Weg der Selbsterkenntnis erahnen, dass Gott sich da mitten drin ereignet als heilend-versöhnende Kraft: eine Kraft, die ich nicht nur in meinem Weg nach innen, sondern auch in Beziehung mit meinem Mitmenschen und im Aufatmen in der Schöpfung erfahren kann.

Wohlwollendes Atmen einüben

Tag für Tag
als Ausdruck meiner Grundhaltung
meine Gefühle
nicht zu bewerten und zu beurteilen

Heilendes Atmen einüben
ein Leben lang
Wahrnehmen was ist
damit auch das Dunkle in mir
gestaltet und verwandelt werden kann

Versöhnendes Atmen einüben
immer wieder neu
als Grundbedingung
mir selber gerecht zu werden
um weltweit Toleranz und Gerechtigkeit
zu fördern

UMARME DEINEN SCHATTEN

Sei nicht mehr auf der Flucht
vor dir selber
lerne mit Wohlwollen
deine Grenzen anzunehmen
damit auch daraus eine
lebensfördernde Kraft wachsen kann –
im Hier und Jetzt
im achtsamen Ein- und Ausatmen

Mein Umgang mit Macht

Atempausen bringen mich in Verbindung mit meiner Lebensmacht. Niemand von uns kann leben ohne Macht. Sie ist ein tiefes Lebensgeschenk, das entfaltet und integriert werden möchte.

Der Sinn unseres Lebens erhellt sich im Einbringen unserer Macht, unserer Stärken, unserer Lebenskraft.

Der Sinn unseres Lebens verdunkelt sich im Machtmissbrauch, im Gefangensein in ungesunden Abhängigkeiten, im blinden Vertrauen auf Autoritäten.

In dieser Ambivalenz werden wir Tag für Tag unterwegs sein. Wer zu seiner Macht steht und sie in aller Transparenz benennt, der befreit dadurch auch andere und stiftet echte Gemeinschaft. Beim tiefen Ein- und Ausatmen komme ich in Berührung mit meiner Lebensmacht, die in meiner Leibmitte verwurzelt ist. Aus diesem Hoffnungs-Grund schöpfe ich im Kultivieren von Atempausen in meiner Arbeit, in meinen

Beziehungen, im Umgang mit mir selber. Der Atem verweist mich immer auf das, was wirklich ist. Durch ihn kann ich auch die Schattenseiten meiner Macht erkennen. Gerade in meinen Stärken zeigen sich meine wunden Punkte, meine Grenzen, meine blinden Flecken, die ich alleine gar nicht wahrnehmen kann. Ich bin auf dialogische Sozialbeziehungen angewiesen, in denen miteinander Offenheit im Umgang mit Macht eingeübt wird. So zeigt sich einmal mehr, dass mein aufmerksames Atmen mich zu den zentralen, existenziellen Lebensthemen führt, die ich angehen und zugleich lassen kann.

TEILE DEINE MACHT

freue dich an deinen Gaben
verstecke sie nicht mehr
lass sie offen-sichtlich werden
damit du auch andere ermächtigen kannst
zum fairen Umgang mit Macht –
gönne dir Atempausen
zum Schöpfen aus deiner
tieferen Lebensmacht
die dich zum Engagement bestärkt

BENENNE DEINE MACHT

lass sie transparent werden
damit kein Machtmissbrauch entsteht
der dich und andere gefangen hält
in unwürdigen Abhängigkeitsstrukturen

Ermächtige dich und andere
zu einer selbstbewussten Voll-Macht
die befreit zur Kreativität
die geerdet ist in Solidarität
die beflügelt zur Freundschaft

Mein Umgang mit Rivalität

Es gehört zu unserer menschlichen Existenz, dass wir nur in Beziehung und damit auch in der Konfrontation mit anderen wir selber werden können. Wir brauchen den Spiegel, der uns in Begegnungen mit anderen erfahren lässt, was zu uns gehört und wo wir eigene Sehnsüchte, Erwartungen und Wünsche auf andere projizieren. Wir brauchen Nähe und Auseinandersetzung, aber auch Distanz und Ruhe. Atempausen eröffnen einen Leer-raum in meinen Beziehungen, damit ich mich nicht dauernd mit anderen vergleiche, sondern das schätzen lerne, was mir möglich ist. Ich bin darum nicht überrascht, wenn ich mit den Rivalitäten in Beziehungen konfrontiert werde. Wenn ich dazu stehe und ihn nicht gekränkt und beleidigt abweise, dann kann ich im Vorgang der Rivalität viel lernen. Mein regelmässiges Atmen lässt mich mitten in einer engagierten Kommunikation einen Moment innehalten, lässt mich Distanz erfahren, um zu sehen, welches Beziehungsspiel und –muster gerade abläuft. Atempausen bedeuten für mich auch, in schwierigen Beziehungskonstellationen regelmäßig eine eigene Standortbestimmung zu wagen, in der ich mir Zeit nehme, um aufzuschreiben, was da abläuft. In einer Supervision, in einer Organisationsberatung, im Coaching, in Team-Retraiten kann dann mit einer größeren Selbstverständlichkeit von diesen Schattenseiten gesprochen werden, die immer zu unserem Unterwegssein gehören. Spirituelle Menschen machen sich keine heile Welt vor, sondern gehen den brennenden Fragen auf den Grund, um daran wachsen und reifen zu können.

ATEMPAUSEN

eröffnen dir den Weg
zu dir selber
zu deinem Wachstumspotential
damit du dich nicht zu sehr
mit anderen vergleichst
sondern deine Lebensfreude wächst
an deiner Einmaligkeit

Atempausen
versinnbildlichen die Hoffnung
mühsamen Beziehungskonstellationen
nicht ohnmächtig ausgeliefert zu sein
sondern im Benennen einer Rivalität
einander annehmen zu können
in der Verschiedenheit
die zur Selbstannahme bekräftigt

Einander Spiegel sein

sichtbar werden lassen
was in der Hektik des Alltags
versteckt und verborgen bleibt

Einander Echo geben
auf Stärken und Schwächen
in fairen Auseinandersetzungen
in denen Konflikte ausgesprochen werden

Einander zur Ehrlichkeit bestärken
in konstruktiver Kritik
heikle Themen miteinander angehen
weil wir an ihnen wachsen
und so neue Lebensqualität entsteht

Mein Umgang mit Neid

Im Entfalten eines gesunden Selbstwertgefühles bin ich der Schattenseite des Neides nicht völlig ausgeliefert. In der alten biblischen Geschichte von Kain und Abel (Genesis 4,1–16) – die wir nicht historisch, sondern symbolisch verstehen sollen – wird uns von der destruktiven Kraft des Neides erzählt. Wer vor allem auf die anderen schaut, wer zu sehr außer sich ist und hauptsächlich die Entwicklungsmöglichkeiten der anderen wahrnimmt, der nährt seine eigene Frustration, die schließlich Gewalt fördern kann. Ich trage darum auch zum weltweiten Frieden bei, wenn ich mich selber und meine Entwicklungsbedingungen annehme. Das ist ein anspruchsvolles Ziel, das ich auch in der bewussten Gestaltung meines Alltags, im achtsamen Durch- und Aufatmen konkretisieren kann. Atempausen ermutigen zur Wahrnehmung meiner Stärken, damit ich auch Ja sagen kann zu meinen Begrenzungen und zu den Verletzungen, die ich als Kind erlebt habe. Das Bild des inneren Kindes ist ein Schlüssel, um konstruktiv mit dem eigenen Neid umzugehen. Da suche ich nicht außerhalb nach Lösungen, die nie genügen werden, sondern ich entwickle einen anderen, wohlwollenden Umgang mit meinen bedürftigen Seiten. So projiziere ich meine Wünsche und Sehnsüchte nicht auf große Stars, sondern entdecke meinen Stern, der mich zu mir selber, zu meinem göttlichen Grund führt. An diesem inneren Ruheort erfahre ich, dass ich auch mit den schlimmsten Rachephantasien sein darf. Denn in dieser nüchternen Selbstannahme bin ich den destruktiven Anteilen nicht ausgeliefert, ich kann sie vielmehr gestalten, eingrenzen und verwandeln. Von dieser Versöhnungsarbeit spricht schon der uralte biblische Text: Kain wird trotz seines schrecklichen Mordes nicht für immer verdammt, sondern er erhält ein Schutzzeichen, das ihm eine neue Chance ermöglicht im Leben. Atempausen erzählen von dieser versöhnenden Kraft, die möglich ist. Da wird richtiges Handeln nicht der Beliebigkeit preisgegeben, sondern ein Ethos gewinnt an Kraft, das dem Verzeihen eine Türe öffnet. Doch wir brauchen dazu viel Zeit. Es kann ein jahrelanges Ringen nötig sein im Spannungsfeld von Auflehnung und Annahme. Neid kann krankhafte Züge annehmen, die ich nicht alleine und mit gutem Willen angehen kann. Sein inneres Kind zu umarmen, kann auch heißen, professionelle Hilfe annehmen, um nicht fixiert zu bleiben auf das, was mir fehlt, sondern um zu sehen, was an Reifungspotential da ist.

DEIN INNERES KIND HILFT DIR

deine verletzlichen Seiten zu umarmen,
damit dein Selbstwertgefühl wachsen kann
und du nicht fixiert bleibst auf deine Mängel
sondern dein Wachstumspotential erkennst
zum Wohle unserer Schöpfungsfamilie

Dein inneres Kind hilft dir
destruktive Anteile nicht zu verdrängen
damit du dem Neid nicht ausgeliefert bist
sondern dich und andere annehmen kannst
mit einer Vielfalt von Gefühlen
die eingegrenzt und verwandelt werden können

IM ANNEHMEN MEINES INNEREN KINDES

das mich auf meine bedürftigen Seiten verweist
mitgestalten an einer gerechteren Welt
in der die Rechte aller Kinder gefördert werden

Im Annehmen meines inneren Kindes
Ja sagen lernen zu meinen Verwundungen
die zu jeder Menschwerdung gehören
um auch am Schwierigen wachsen und reifen zu
können

Im Annehmen meines inneren Kindes
nicht mit Neid fixiert sein auf die anderen
sondern mein Selbstwertgefühl entfalten
im Entdecken der Stärken in meinen Schwächen

Mein Umgang mit Oberflächlichkeit

Ich leide sehr an der Oberflächlichkeit unserer Welt, und an einer zunehmenden Entsolidarisierung, die viele Menschen vereinsamen lässt. Auch da hilft mir die Kainsgeschichte weiter. Als Gott Kain auf sein Mitgefühl mit Abel anspricht, bringt dieser zum Ausdruck, was einem heute aktuellen Lebensgefühl der Gleichgültigkeit entspricht: „Bin ich der Hüter meines Bruders?" (Genesis 4,9). Heute würden wir sagen: „Was geht mich das an?" – „Nur nicht einmischen, das kann gefährlich sein" – „Ich habe selber genug um die Ohren." Das Gefühl des Überfordertseins nimmt verständlicherweise zu, weil eine unerträgliche Fülle von Informationen und Bildern der Not uns täglich besetzt. Mich zu schützen vor dieser Fülle, ohne oberflächlich und ohne gleichgültig zu werden, gehört auch zu einem inneren Weg des Atmens. Mein bewusstes Atmen setzt gesunde Grenzen, damit ich mich nicht verliere. Zugleich will es mir jene Weite eröffnen, in der ich erkenne, dass mein Beitrag genügt. Mein mitfühlendes Atmen wird zum Vertrauensakt. Ich lerne, nicht die ganze Verantwortung zu übernehmen, sondern meinen Teil, hoffend, dass jede und jeder dasselbe tut.

Ist das eine Illusion, eine Utopie? – Ich brauche diese ver-rückte Hoffnung, um dem Schweren im Leben nicht auszuweichen und zugleich die Schönheit des Lebens nicht zu übersehen.

ENTDECKE DEIN MITGEFÜHL

das tief in dir wohnt und
dich durch deinen Atem
verbindet mit aller Kreatur

Entfalte deine Achtsamkeit
die dich wirklich glücklich werden lässt
im Teilen von Freud und Leid
im Anteilnehmen an Schmerz und Lust

DURCHBRICH DEINE OBERFLÄCHLICHKEIT

im aufmerksamen Innehalten
im regelmässigen Durchatmen
damit du dich erinnerst
an dein Eingebundensein in den Kosmos

Durchbrich unsere Indifferenz
im Ausgerichtetsein auf jene Möglichkeiten
die sich dank einer weltweiten Solidarität
durch Phantasie und Kreativität
unaufhaltsam verstärken werden

Mein Umgang mit Sucht

Wir leben in einer hochsüchtigen Gesellschaft, in der wir andauernd auf all das hingewiesen werden, was uns angeblich fehlt im Leben. So verschließt sich uns die Gabe des Glücklichseins, weil wir nicht mehr gegenwärtig sind, nicht mehr einfach dasein können, sondern im Habenwollen und in der Zukunft des Habens leben. Eine unüberschaubare Anzahl von Bedürfnissen wird in uns geweckt, die uns immer unzufriedener werden lassen, weil wir paradoxerweise immer mehr zu wenig haben, immer nur zu kurz kommen können. Wir kommen schließlich dahin, das Leben und die Liebe gar nicht mehr zu genießen, sondern brauchen in immer kürzeren Abständen einen neuen „Kick" – um unglücklicher zu werden! Süchtig sein heißt immer weniger geniessen zu können. Es ist eine schmerzliche Wirklichkeit, die uns alle betrifft. Darum braucht es eine Widerstandskultur, die die Welt nicht verteufelt, sondern die ein gesundes Maß, einen wohltuenden Rhythmus fördert. Der Atem zeigt uns, was wir wirklich brauchen im Leben: aufnehmen und abgeben, arbeiten und uns erholen. Zwischen diesen Polen entsteht ein Leer-raum, der uns regeneriert, damit wir immer mehr aus dem Sein leben und nicht Sklaven des Habens sind. Sein verstehe ich als inneren Geburtsprozess mit einer doppelten Dynamik: ich bin aktiv – und ich lasse geschehen. Einfach leben wird zum Sinn des Lebens – einfach in einem doppelten Sinn:

- Als einfacher Lebensstil, der die Konsumhaltung entlarvt und Lebensfreude im Kleinen entdeckt. Und
- einfach leben: im Heute leben, in der Gegenwart, im Augenblick.

LEBE EINFACH

genieße den Augenblick
der dich zu deiner wirklichen Sehnsucht führt
zum tiefen Bedürfnis des Angenommenseins

Lebe achtsam
entdecke die alltäglichen Wunder
damit du dich nicht im Suchtverhalten verlierst
sondern dem Leben zuliebe Grenzen setzen
kannst

Lebe einfach
lass dich ein auf Beziehung
auf das unendliche Spiel von Geben und Nehmen
das Geborgenheit im Sein bewirkt

Geniesse den Geschenkcharakter

deines einmaligen Lebens
lerne mit Leib und Seele sein zu dürfen
damit du nicht noch mehr haben mußt
sondern glücklich wirst im Loslassen und Teilen

Habe den Mut deinem Suchtverhalten
auf den Grund zu gehen
es verweist dich auf deine Bedürftigkeit
die du nicht durch Konsumverhalten
sondern durch Beziehung stillen kannst

Mein Umgang mit Aggression und Wut

Jahrelang habe ich meine Wut, meinen Ärger, meine Aggression so sehr unterdrückt, dass ich selber glaubte, sie seien nicht mehr vorhanden. Das Gegenteil war der Fall – sie waren unbewusst so präsent, dass ich es mich unglaublich viel Energie kostete, diese Lebenskräfte verborgen zu halten. Weil ich mir durch eine krankmachende christliche Sozialisation nicht erlaubte, meine Wut, meinen Ärger, meine Aggression konstruktiv auszudrücken, wurde ich immer depressiver. Im Nachhinein sehe ich darin auch den Grund, warum ich fast vierzig Jahre lang nicht richtig durchgeatmet habe. Das war viel zu gefährlich für mich! Tiefes Durchatmen bringt mich in Verbindung mit meiner Lebendigkeit, und dazu gehören auch meine aggressiven Seiten. Sie haben eine wichtige Funktion im Entfalten meines Gleichgewichtes. Sie sind Ausdruck meiner Selbstbehauptung. Sie wehren sich, wenn mein elementares Bedürfnis nach Lebensraum bedroht oder eingeschränkt wird. Sie entfalten ein Ethos der Gerechtigkeit, das sich auch in meiner Empörung über Unterdrückung und Ausbeutung zeigt. Ich brauchte einige Jahre, um wirklich atmen zu können – ohne Atemtherapeutin hätte ich es nicht geschafft. Im Bewohnen meines Atemhauses bin ich auch jenen Schreckenskammern in mir begegnet, die Ausdruck meiner dunklen Seiten sind. Meine angestaute Wut hatte schreckliche Bilder, die ich nur langsam anschauen konnte. Ich brauchte Schonräume, um einen Zugang zu meiner Wut, zu meinem Ärger, zu meiner Aggression zu finden. Das tiefe Atmen und die Entfaltung meiner Stimme haben mich in einem langen, intensiven Prozess gefördert, in dem ich oft an mir und meiner Atemfähigkeit gezweifelt habe. Doch der Atem hat einen befreienden Zugang zu meiner Lebenskraft eröffnet. Beim Joggen habe ich zaghaft angefangen, im tiefen Wald zu schreien – anfangs in der großen Angst, bemerkt, gesehen oder gehört und für völlig verrückt erklärt zu werden! Das regelmäßige Dastehen zwischen Himmel und Erde, das tiefe Ein- und Ausatmen, das Auf- und Abhüpfen, das Schütteln meiner Arme und meines ganzen Leibes haben mir geholfen, meine Stimme zu entdecken. Mein lautes Schreien hat mich er-löst von der Vorstellung, alles im Griff zu haben. Diese Stimmbildung ist mir zur spirituellen Erfahrung geworden, weil ich in der Lebensschule des Weisheitslehrers aus Nazareth entdeckt habe, wie kraftvoll er seine Gefühle, auch seinen Zorn, ausdrückte. Darum bittet Jesus die kranken Menschen in den Heilungsbegegnungen, sich in die Mitte zu stellen. Eine unglaubliche Zumutung! Ich selber habe lange gebraucht, um mich im Gesprächsraum unseres offenen Klosters alleine in die Mitte des Raumes zu stellen, um immer lauter schreien zu können. Solange ich an die anderen dachte, wagte ich es nicht. Je mehr ich aber zu mir gelangte, umso mehr konnte ich alle angestauten Gefühle ausdrücken. Das Knien auf dem Boden und mit beiden Händen und Armen im intensiven Atmen auf den Boden zu schlagen und zu schreien ist eine Möglichkeit, sich als wütenden Menschen annehmen zu können. Da tue ich den anderen nicht weh und begebe mich in die Eskalation der Gewalt, sondern ich finde ein

Ventil, um meine Aggressionen auszudrücken, damit sie eingegrenzt werden können! In dem Prozess der Anfreundung mit diesen ambivalenten Seiten meines Lebens kann ich in tiefe Schichten meiner Persönlichkeit vorstoßen, die mir Angst machen, die mich überfluten, die mich verunsichern. Darum gehört es zu meiner Verantwortung, mich vor allem am Anfang eines solches Prozesses begleiten zu lassen, damit ich mich und auch mein Beziehungsumfeld nicht überfordere. Der Umgang mit der Wut, der Aggression und dem Ärger zeigt uns auch, wie unterschiedlich wir Menschen sein können. Die einen tun sich schwer, solche Gefühle auszudrücken und brauchen eine Erlaubnis dazu. Andere leiden an ihrer Impulsivität und wünschen sich mehr Zurückhaltung. Wie auch immer: entscheidend ist mir auf diesem Integrationsweg das Bewusstsein, dass ich auch dadurch mit gestalte an einem weltweiten Versöhnungsweg. Denn echte Versöhnung beginnt in der Konfliktfähigkeit, im ehrlichen Eingestehen der Anteile von Gewalt, die ich auch in mir finde.

Sie im bewussten Atmen wahrzunehmen, sie anzuschauen, um sie verwandeln lassen zu können, gehört zu einem geerdeten Friedensweg.

TRITT IN DIALOG MIT DEINER WUT

befrage sie nach ihrem tieferen Grund
wage faire Auseinandersetzungen
für eine zärtlichere Gerechtigkeit

Entdecke in deiner Aggression
jenen Schlüssel zu deiner Lebendigkeit
die dich stärkt zu einer Konfliktfähigkeit
die authentische Beziehungen ermöglicht

Freunde dich an mit deinem Ärger
er verweist dich auf Urbedürfnisse
die Angenommensein und Toleranz entfalten
im achtsamen Verwirklichen von Atempausen

FINDE DEINE STIMME

um deine Wut ausdrücken zu können
spalte deine aggressiven Gefühle nicht ab
sie lassen dich mit Rückgrat im Leben stehen

Drücke deinen Ärger aus
im Schaffen eines persönlichen Schonraumes
im Sport oder handwerklichen Arbeiten
im Einüben einer wohlwollenden Konfliktkultur

Entdecke deine Aggression
als Seismografen
der dich auf jene Verwundungen verweist
die auf eine versöhnende Heilung warten

Partnerschaftliches Miteinander

in Freundschaft und Familie
ereignet sich immer
in fairen Auseinandersetzungen

Authentische Beziehungen
bringen uns immer in Verbindung
mit Grenzen und Konflikten
die zu jedem Wachstum gehören

Versöhnendes Unterwegssein
entfaltet sich im Wahrnehmen der
Ungerechtigkeit
die auch in unserer Wut sichtbar wird
und uns zum glaubwürdigen Engagement
bestärkt

Mein Umgang mit Intoleranz

Mein achtsam-mitfühlendes Atmen ist für mich identitätsstiftend. Ich suche meine Identität nicht durch Abgrenzung, sondern in Beziehung. Dieses In-Beziehung-Sein beginnt bei mir selber, indem ich regelmäßig in Kontakt trete mit mir, den Erfahrungen, die ich gemacht habe, und meiner Innenwelt. Durch dieses wieder-kehrende Ritual stärke ich mein Selbstwertgefühl und mein Rückgrat. Beides ist notwendig auf einem spirituellen Weg. So kann ich mich verwurzeln in diesem meinen Lebensfluss, der sich auch in meinem Atemfluss verdichtet. In einer solchen Persönlichkeitsarbeit erinnere ich mich an all die Menschen, denen ich mein Leben verdanke. Das sind Menschen, die heute und vor vielen Jahren, zum Teil sogar weit in der Vergangenheit vor hunderten von Jahren gelebt und gewirkt haben. Dieses Eingebundensein weitet sich aus auf die Schöpfung und den Kosmos. Es erneuert sich darin der göttliche Lebensatem, der mich das Verbindende mit allen Religionen und Kulturen erkennen lässt.

Je mehr ich verwurzelt bin, umso mehr kann ich mich auch nach außen vorwagen, kann mich auf die Äste, auf Neues und Unbekanntes einlassen. Intoleranz wehrt ab; doch Toleranz hat nichts mit Gleichgültigkeit zu tun, sondern mit einer Offenheit für den oder die andere/n in seinem oder ihrem Anderssein. Damit setze ich einen klaren Akzent für eine offene Spiritualität, die sich nicht durch Intoleranz und Fremdenfeindlichkeit eine fragwürdige Identität schafft. Weltweiter Friede wird nur möglich sein, wenn auch die verschiedenen Religionen sich verabschieden von absoluten Wahrheitsansprüchen, ohne dadurch beliebig und profillos zu werden.

FINDE DEINE IDENTITÄTSSTIFTENDEN WURZELN

die dich toleranter werden lassen

Entdecke in aller Verschiedenheit
den verbindenden Atem Gottes in allem

Wage dich hinaus in die Weite der Toleranz
die jedem Menschen mit großem Respekt
begegnet

MITEINANDER AUFBRECHEN

für eine offene Welt der Toleranz
die sich nicht durch die Angst bestimmen lässt
sondern durch das Gute in jedem Menschen

Miteinander unterwegs sein
in einer multikulturellen Welt
die Menschen verschiedener Religionen
zum gemeinsamen Friedensweg bewegt

Miteinander Widerstand wagen
für eine gastfreundliche Welt
in der der Fremdenfeindlichkeit
der Nährboden entzogen wird

Mein Umgang mit Schuld

Bei aller Achtsamkeit, bei allem guten Willen, bei allem Bemühen: ich bleibe mir und den anderen immer etwas schuldig. Mein bewusster spiritueller Weg wird immer unvollkommen bleiben – und das ist gut so. So bleibe ich menschlich und einfühlsam. So begegne ich dem Widersprüchlichen und Fehlerhaften im Leben nicht mit Härte, sondern mit Wohlwollen.

Atempausen verweisen mich auf eine gesunde Distanz zu dem Unvollkommenen. So kann ich das Verzeihen einüben – Verzeihen, das ich fördern kann und das nie machbar ist. Manchmal tragen wir uns selber oder anderen eine verletzende Erfahrung nach, Wochen, Monate, Jahre lang. Im bewussten Atmen, im schweigenden Innehalten kann ich offen sein für die versöhnende Kraft, und ich kann lernen, mich anzunehmen mit jenem verhärteten Teil meines Herzens, der noch nicht vergeben kann. Das Wesentliche im Leben ist nie machbar, es ist letztlich immer Geschenk.

Mein Atem erzählt von dieser Wirklichkeit,

die mich auffordert, der Versöhnung eine Chance zu geben. Ich lerne aktiv zu warten, um mit Leib-Geist-Seele verzeihen zu können. Das tiefe Ein-und Ausatmen kann auch eine Hilfe sein, krankmachende Schuldgefühle zu verwandeln. Indem ich im Hier und Jetzt verweile, bleibe ich nicht in einer lebensbehindernden Vergangenheit, sondern ich versuche Ja zu sagen zu unserer zerbrechlichen Existenz, die immer begrenzt bleiben wird. „Mein Atem heißt JETZT", sagt die jüdische Dichterin Rose Ausländer. Im Umgang mit Schuld und Verzeihen können diese wenigen Worte in der Wiederholung mich ins richtige Lot bringen – in ein Loslassen, das mich auch wieder offen werden läßt für neue Erfahrungen.

Versöhnung wagen

im aufmerksamen Atmen
eigene Begrenztheit annehmen
um sich selber verzeihen zu können

Versöhnung suchen
im tiefen Ein- und Ausatmen
der eigenen Verletzlichkeit begegnen
die auch anderen Fehler zugestehen kann

Versöhnung feiern
im schweigenden Atmen
innerlich geheilt werden von Verwundungen
um anderen ehrlich verzeihen zu können

Fünftes Kapitel

Von Herz zu Herz – Atem verbindet

DIE LIEBE IST die bewegende Kraft im Universum. Das glaube ich, und aus dieser Hoffnung gestalte ich meine Beziehungen: Die Beziehung zu mir selber, die Beziehung zu den anderen, die Beziehung zu Schöpfung und Kosmos und in alledem die Beziehung zum ewigen DU. In meinen Bez*ieh*ungen begegne ich der Anziehungskraft, die mich bewohnt. Die Sehnsucht nach Liebe, nach Angenommen- und Anerkanntsein zieht und bewegt uns alltäglich. In der erotischen Dimension der Liebe erfahren wir dieses Angezogen- und Angerührtsein – nicht nur in Begegnungen mit Menschen, sondern auch in der Schöpfung, in der Musik und in allen kreativen Vollzügen. Wir brauchen dringend eine Versöhnung zwischen der Kraft des Eros und der Spiritualität. Wir brauchen eine spirituelle Gestaltung unserer Sexualität. Wie in all unseren Lebensbereichen begegnen wir da auch der ganzen Ambivalenz unserer Triebe. Darum braucht es in allen unseren Beziehungen einen Leer-raum, damit wir die Zärtlichkeit, das Angerührtsein, die Seelenverwandtschaft wirklich genießen können und nicht dabei stecken bleiben, den oder die andere/n vor allem haben zu wollen. In dieser Spannung wird sich Beziehung ereignen, immer wieder neu. So bleibt sie lebendig, unvollkommen, faszinierend, begrenzt, erfüllend und verletzlich. Die bewusste Praxis des Atmens lässt uns die erotische Dimension des Lebens tiefer erfahren. Atempausen in der Beziehung kultivieren das ewige Spiel von Nähe und Distanz. Da wage ich Hingabe, gehe auf in der Ekstase, spüre mich mit Leib und Seele und erahne das Ereignen Gottes in dieser tiefen Begegnung. Dann wieder erfahre ich das Anderssein, die Verschiedenheit, die anspruchsvolle Beziehungs-Arbeit, die viel Raum und Zeit braucht. Unser Widerstand für eine Kultur der Langsamkeit ist ein Plädoyer für eine neue Lebensqualität in unseren freundschaftlichen Beziehungen. Unsere Achtsamkeit nährt den Dialog zwischen den Generationen und fördert

den Respekt gegenüber jedem Menschen, der
nicht zum Objekt unserer Bedürfnisse werden
darf.

Atmen heißt den Geheimnischarakter jeder
Begegnung zu spüren.
Atmen heißt unseren Rhythmus der Zärtlichkeit
zu entdecken.
Atmen heißt leben im Augenblick.
Atmen heißt lieben im Hier und Jetzt.

Einander zärtlich begegnen

von Herz zu Herz
die erotische Kraft der Liebenden
tief ein- und ausatmen

Einander respektvoll begegnen
im gegenseitigen Angerührtsein
im Wahrnehmen der Verschiedenheit
Nähe und Distanz wagen

Einander beglückt begegnen
im Staunen über die Liebe
im Mitfühlen im Schmerz
immer einen Leer-raum lassen

LEER-RAUM IN MEINEN BEZIEHUNGEN

niemanden haben wollen
einander zum Werden bestärken
Tag für Tag

Zwischen-raum in meinen Begegnungen
offen sein für das Geheimnis der Liebe
im dankbaren Staunen
im fairen Austragen von Konflikten

Atem-zeit in meinen Beziehungen
einander Verwandlung zugestehen
in der Bestärkung zur Selbstannahme
in der Ermutigung zum Engagement

Ich bin mein Körper: Beziehung zu meinem Leibsein

Mein intensiver Atemweg hilft mir, meinen Leib anzunehmen und ihn als großes Wunder zu entdecken, mit all seinen Begrenztheiten. Ich habe keinen Leib, ich bin Leib. Darum trage ich Verantwortung für meine Gesundheit, für meinen Bewegungsspielraum, für die Sorge um meinen Leib, meinen Geist, meine Seele. Zugleich bin ich aufgerufen, Ja sagen zu können zu meiner Endlichkeit. Ich werde meine Gesundheit nie in den Griff bekommen, trotz aller notwendigen Achtsamkeit. Das Schema von Ursache und Wirkung greift zu kurz, weil unser Leben und unser Leibsein viel komplexer ist. Beim bewussten Ein- und Ausatmen kann ich diesem Paradox einen Ausdruck verleihen. Mein bewusste, gesunde Lebensgestaltung ist entscheidend, doch meine Gesundheit liegt nicht in meiner Hand. Leben und Gesundheit sind immer auch ein Geschenk.

Mein Leibsein geniessen

meine Gesundheit schätzen
achtsam mit ihr umgehen
im Gestalten von Atemzeiten

Mein Leibsein annehmen
mit seinen Begrenzungen
mit seinen Behinderungen
in gesunden und kranken Tagen

Mein Leibsein spüren
in Spiel und Sport
in handwerklichem Arbeiten
in zärtlichen Begegnungen

Beziehung zu meiner Geschlechtlichkeit

Unsere Geschlechtlichkeit ist eine wunderbare Kraft, die gestaltet werden möchte. Sie ist ein Geschenk eines schöpferisch-zärtlichen Gottes, der sich in Beziehung ereignet. Eine Kultur der Atempausen ist eine Kultur der Zärtlichkeit und eine Kultur der Begegnungen. Wir begegnen einander immer in unserer geschlechtlichen Dimension. Diese Dimension wird zunehmend pervertiert in der Einseitigkeit einer Konsumhaltung. Darin aber werden Menschen, wird ihr Körper, wird Sexualität zum Objekt – das ist zutiefst entwürdigend und verletzend. Mit Leib und Seele Mensch werden, heißt diesen Verletzungen eine heilende Chance zu verleihen.
Auch da bin ich auf Hilfe angewiesen, wenn ich in Fixierungen stecken bleibe. Ich kann mich im bewußten Atmen innerlich befreien lassen, weil der heilend-versöhnende Geist in mir atmet. Diese Kraft lässt mich Berührungsängste überwinden. Denn wir brauchen Berührungen, täglich, an Leib-Geist-Seele.

SICH BERÜHREN LASSEN

im Annehmen der schöpferischen Kraft
der Geschlechtlichkeit
die Menschen zusammenführt

Sich bewegen lassen
im Verinnerlichen der erotischen Kraft
der hoffnungsstiftenden Liebe
die Menschen aufblühen lässt

Sich entfalten lassen
im Wagen von Nähe und Distanz
jenen Leer-raum fördern
der tragfähige Beziehungen stärkt

In schwierigen Beziehungssituationen

Beim Mystiker Meister Eckhart habe ich gelernt, dass niemand zu haben ist. Er ermutigt zu einer Spiritualität des Loslassens, weil sich nur so echte Begegnungen und Beziehungen verwirklichen können. Ich kann den anderen, die andere nicht ändern. Atempausen sind in schwierigen Zeiten in Freundschaft und Partnerschaft von besonderer Bedeutung: sie drücken die Hoffnung aus, dass ich zuerst in mir selber einen anderen Zugang zu dem suche, was mich am anderen ärgert, entfremdet, aufwühlt. Atempausen laden ein zu einem Schweigen, in dem Meinungsverschiedenheiten und Konflikte nicht verdrängt werden, sondern in einem guten und tieferen Sinne in Ruhe gelassen werden. So kann sich behutsam-bestimmt eine neue Perspektive eröffnen. Es gehört ganz sicher zum Schwierigsten im Leben eines Menschen, zu lassen. Es bedeutet, nicht dauernd in denselben Gedanken stecken zu bleiben, sondern sie zu lassen. Die atmende Meditation lädt mich ein, mich auf meinen Atemfluss zu konzentrieren. So nehme ich das Ein- und Ausströmen durch die Nase wahr, ich achte auf die Bewegungen im Brust- und Bauchbereich und ich höre auf meinen Herzschlag. In dieser atmenden Achtsamkeit auf meinen Leib verlieren quälende Gedanken ihre Vorrangstellung. Bei solch atmendem Loslassen geht es nie um einen Zustand, sondern um einen Prozess. Ich werde innerlich ruhig – und ich bin auf einmal wieder voller Sorgen um die Zukunft. Dann beginne ich wieder neu, meinen Leib ganz wahrzunehmen, um in der Gegenwart zu verweilen.

Vielleicht ist es sogar möglich, gemeinsam bewusst in dieses atmende Schweigen einzutreten, um einander lassen zu können und auf einer tieferen Ebene einander ohne Worte begegnen zu können.

HEUTE

einander lassen
in der Verschiedenheit
miteinander bewusst schweigen
um eine tiefere Verbundenheit zu erfahren

Im Hier und Jetzt verweilen
die angstvollen Zukunftssorgen
achtsam loslassen
mit jedem Atemzug
mehr gegenwärtig sein

ENTFREMDUNG UND VERSCHIEDENHEIT

miteinander aushalten
nicht aus Resignation
sondern in der tiefen Hoffnung
neue Beziehungsqualität zu finden

Einander nicht verändern wollen
sondern bewusst sein lassen
aus Liebe und Respekt
damit echte Verwandlung möglich ist
dank befreiender Atempausen

In schmerzvollen Ablösungsprozessen

Auch wenn wir Kinder haben, "haben" wir sie nicht – wir müssen sie auch immer wieder loslassen.

Meine, unsere Kinder lassen, weil sie nicht auf der Welt sind, um so zu werden, wie wir es geplant haben, ist eine anspruchsvolle und schmerzvolle Lebensaufgabe. Sie wirft mich auf mich selber zurück, auf die Frage nach dem Sinn. Sie lädt mich ein, mich zu schützen vor verletzenden Worten, die auf dem Weg zur Individuation, zur Ablösung fallen können. Achtsames Atmen nimmt mir diese existenziellen Zeiten des Überganges nicht weg, es möchte mir vielmehr einen Durchgang aufzeigen: Im Einüben, mehr bei mir zu sein, um mich nicht so sehr persönlich, in meiner ganzen Person angegriffen zu fühlen. Dies gelingt immer nur mehr oder weniger. Die Erinnerung an eigene Ablösungsprozesse, das Gespräch mit anderen Eltern können zu erholsamen Atempausen werden, die helfen, in solchen schmerzhaften Prozessen die Wachstumschance zu entdecken.

DURCHATMEN

in schmerzvollen Ablösungsprozessen
nicht in sich selber gefangen bleiben
Trauer und Wut ausdrücken

Durchatmen
in der Konfrontation
mit unverständlichen Reaktionen
sich schützen im Annehmen von Hilfe

Durchatmen
um die eigenen Kinder loslassen zu können
nicht ein für allemal
sondern immer wieder neu

In Trennungs- und Scheidungszeiten

Meister Eckhart spricht vom Loslassen als Lebensgrundhaltung – paradoxerweise, damit all die gemeinsamen Erfahrungen für immer bleiben. Diese uralte Lebensweisheit kann eine Hilfe sein in Trennungs- und Scheidungssituationen. Sie will uns zeigen, auch in allem Schmerz, in aller Wut die gemeinsame Zeit nicht pauschal abzuwerten. Atempausen laden ein, im Zeitlupentempo all das in der Beziehung zu erkennen, was gut und beglückend war. Atempausen eröffnen eine gesunde Distanz zu den gemeinsamen Erfahrungen, damit ich auch nach einem langen Prozess des Ringens und der Trauer erahnen kann, was für immer bleibt und beide weiterhin in der Tiefe nähren wird. Der Austausch mit andern, auch in Selbsthilfegruppen, lässt entdecken, dass Beziehungen sich nicht linear entwickeln, sondern dynamisch wie der Atem.

IM AUSEINANDERGEHEN

sich Atempausen verschaffen
die die gemeinsame Zeit
weder beschönigen noch verteufeln
sondern in ihrer ganzen Fülle sehen können

In Trennungszeiten
noch intensiver den inneren Raum betreten
wo ich mir selber Anerkennung schenken kann
und erahne wie durch diesen Ablösungsprozess
befreiende Perspektiven sich eröffnen

In Scheidungssituationen
einander lassen
damit das Bestärkende bleibt
einander gehen lassen
damit sich neue Beziehungswege zeigen

Sechstes Kapitel

In Trauer- und Krisenzeiten –
Dem Atemfluss trauen

Ich kenne Krisenzeiten in meinem Leben.
Zeiten der Verunsicherung, in denen alles, was ich mir mühsam aufgebaut hatte im Leben, wie ein Kartenhaus in sich zusammenfiel.
Zeiten der Trauer, in denen nach einer jahrzehntelangen Trockenzeit meine Tränen endlich fließen konnten.
Zeiten des Umbruches, in denen das Alte mir keinen Halt mehr gab, Neuland aber noch in weiter Ferne lag.
Zeiten der Hoffnungslosigkeit, in denen ich mich gefangen fühlte in mir selber voller Schwere und Depression.
Zeiten der Wut, in denen ich meinen destruktiven Seiten begegnete, die in mir ein großes Erschrecken auslösten.
Zeiten der Einsamkeit, in denen ich glaubte alles falsch gemacht zu haben.

Zeiten der Auflehnung, in denen ich zu sehr nach äußeren Lösungen suchte, gerade auch im Verteilen von vielen Schuldzuweisungen.
Zeiten des Aufschreies beim ohnmächtigen Dastehen am Grab von Menschen, die ich liebte.
Zeiten der Verlorenheit, in denen ich nicht mehr beten konnte.

Beim Mystiker Johannes von Kreuz habe ich einige Worte gefunden, die ich in Verbindung bringe mit diesen Zeiten der Nacht. Er spricht von der „dunklen Nacht der Seele", die uns in unserem Leben begegnen kann – damit wir mehr wir selber werden. Diese Worte sind mir bis heute ein Lichtblick. Ich muss dann immer noch selber durch solche dunklen Strecken hindurch. Das ist hart genug, doch ich erahne leise, dass sich ein neuer Morgen abzeichnet. Auch diese dunkelsten Stunden meines Lebens bringe ich in Verbindung mit meinem Atmen. Bis zu meinem 38. Lebensjahr hatte ich wirklich keine Zeit zum Durchatmen. Ich gestaltete mein Leben sehr stark vom Kopf und vom Willen her. Diese Einseitigkeit brachte mir immer mehr körperliche und seelische Schmerzen: Burn out. Ich erkannte, dass mein Atem nicht durch meinen ganzen Leib fliessen konnte; zuviele Blockierungen hinderten ihn daran. So ging ich wöchentlich zu einer Atemtherapeutin. Zwei Jahre lang veränderte sich äusserlich fast nichts. Ich wollte die Kontrolle nicht aufgeben und zweifelte immer wieder an mir. Ich tat etwas und merkte, dass ich nichts tun konnte, ausser geschehen lassen. Es war eine harte Lebensschule. In diesen Zeiten bin ich den mystischen Wurzeln des Christentums begegnet, die zu einem inneren, ganzheitlichen Weg ermutigen. Ein Weg der Erfahrung, der nicht geprägt ist von einem „ausgedachten" Leben, sondern vom Leben, wie es wirklich ist. Diese Grundhaltung verdichtet sich im Atmen. Meine vielfältigen Ermutigungen zu Atempausen sehe ich in diesem grösseren Zusammenhang. Mein Atmen habe ich in Zeiten der Verletzlichkeit und der Krise entdeckt, also nicht als Stärke, die mir in die Wiege gelegt wurde. Vieles von dem, was ich schreibe, mag so einfach klingen, mag sofort klar sein im Kopf. Der Weg vom Kopf bis zum Herzen und erst recht bis zu den Zehenspitzen aber ist ein

Millimeterweg. Ein Weg der Entschiedenheit, der mich lehrt, dass das Wesentliche nicht machbar ist. Ein Weg der Wachheit, der mich lehrt, dass intensivstes Leben sich in der Annahme des Sterbens ereignet.

In meinen dunkelsten Stunden blieb mir oft nur noch das Atmen! Damit waren meine Probleme nicht weggewischt, ganz im Gegenteil, sie kamen immer mehr zum Vorschein. In all den unendlich scheinenden wochenlangen Zeiten der Schlaflosigkeit war das aufmerksame Ein- und Ausatmen meine einzige Spur, mein einziger Durst, meine einzige Sehnsucht. Darum liebe ich die Worte von Johannes von Kreuz so sehr: „Des Nachts, wenn ich gehe, ist der Durst oft mein einziges Licht."

Der Durst genügt, die Sehnsucht genügt, der Atem genügt.

So hoffe ich, dass auch die folgenden Anregungen zum Aufatmen in diesem tieferen Sinn verstanden werden. Sie sind weder billiges Rezept noch kluger Trick, auch keine „Fastfood-Spiritualität". Sie sind eine kleine, klare Spur, um in den widersprüchlichen und widerwärtigen Zei-

ten, die auch zum Leben gehören können, auf
einen Hoffnungsfunken hinzuweisen.

TRAUERN KÖNNEN

im tiefen Ein- und Ausatmen
den Zugang finden
zu meinen Tränen
die Grundwasser meiner Seele sind

Trauern können
die Kontrolle aufgeben
meinen Schmerz ausdrücken
mich dem Lebensfluss anvertrauen
der mich mit anderen verbindet

Trauern können
Tränen fliessen lassen
erahnen wie die Liebe
sich ihren Weg sucht
durch Schmerz und Not hindurch

DURSTSTRECKEN AUSHALTEN

Trauer und Wut ausdrücken
neu geboren werden
zu einem beziehungsfähigeren Leben

Verunsicherungen aushalten
ihnen auf den Grund gehen
neu geboren werden
zu einem mitfühlenden Dasein

Dunkelheiten aushalten
darin die Sehnsucht erkennen
tiefes Durchatmen einüben
Atem und Sehnsucht genügen

In dunklen Stunden

Licht und Schatten gehören zu jedem Leben. Es ist eine Lebensaufgabe, unseren Schatten zu integrieren, unsere Angst vor der Dunkelheit verwandeln zu lassen. Im Dunkel des Mutterleibes wächst neues Leben, in dunklen Stunden der Selbstwerdung kann sich neues Leben gebären, in verdunkelten Beziehungswegen kann sich eine neue Lebensqualität formen. In Zeiten, in denen ich das Gefühl habe, alles verloren zu haben, Zukunftsperspektiven und Sinn, kann ich durch meinen Atem erinnert werden, dass ich immer begleitet bin im Leben. Ich sehe diese innere Begleitung nicht, doch sie ist da als Atem des Lebens, der mich durch das Dunkel der Ohnmacht in meinen tieferen Grund führt, wo ich vorerst ohne Ansprüche sein darf. So wie die Augen sich an die Dunkelheit gewöhnen müssen und ich mit der Zeit auch im Dunkeln immer mehr sehe, so kann mein achtsames Atmen mir in Zeiten der Krise eine Lebenshilfe sein. Im Atmen kann ich jene uralten Lebensweisheiten verinnerlichen, die mich ermutigen, Schritt für

Schritt einen schweren Auf- oder Abstieg zu begehen. Der Weg ist das Ziel. Ich nehme sehr oft erst im Nachhinein wahr, was da wirklich geschehen ist. Erst in der Kälte sehe ich meinen Atem wirklich, obwohl er mich immer schon belebt; und oft geht mir erst im Nachhinein ein Licht auf ...

In meinen dunklen Stunden

die Hoffnungsspur erahnen
im liebevollen Ein- und Ausatmen
da sein können im Hier und Jetzt

In meinen dunklen Stunden
meinen Schatten umarmen
im authentischen Dasein
mit meiner Begabung und Verletzlichkeit

In meinen dunklen Stunden
mich begleiten lassen
miteinander die Dunkelheit durchschreiten
um immer klarer sehen zu können

IN ZEITEN DER VERZWEIFLUNG

mich von allen Ansprüchen befreien
nichts mehr tun müssen
mein atmendes Dasein genügt

In Zeiten der Empörung
meinen Lebensschrei ausdrücken
mir nichts mehr vormachen
mein atmendes Mitsein genügt

In Zeiten der Verunsicherung
mich begleiten und halten lassen
meine Allmachtsphantasien loslassen
mein atmendes Menschsein genügt

MEINE KRISE ALS CHANCE ERAHNEN

die mich zur Lebendigkeit führt
zum intensiven Dasein
mit Leib und Seele

Meine Krise als Weg begehen
Schritt für Schritt
mich verwandeln lassen
zu einem Leben in Fülle

Meine Krise als Durchgang sehen
um mich befreien zu lassen
von lebensbehindernden Mustern
die mich entfernen von den anderen

In schwierigen Umbruchsituationen

Wer wirklich ein Leben lang lebendig bleiben möchte und wer seine Beziehungen immer wieder erneuern will, der wird auch immer wieder Umbruch und Aufbruch erleben. Diese Lebensweisheit stellt sich unserem Bedürfnis nach Sicherheit und Geborgenheit scheinbar genau entgegen. Mein Atem lehrt mich, dass der schöpferische Lebensakt nie zu haben ist, dass er sich vielmehr in jedem Moment des Lebens neu ereignet. In einer Atem-Lebensschule kann ich meine Sicherheit finden im Annehmen der Unsicherheiten, die immer zu meinem Leben gehören werden. Meine Geborgenheit wird wachsen, wenn ich im bewussten Atmen gegenwärtig werde und mich nicht in ungewissen Zukunftssorgen verliere. Ich habe sie nicht jetzt und ein für allemal – sondern immer nur jetzt. Es ist ein mühsam-befreiender Weg des Loslassens von falschen Sicherheiten. In den Weisheitsgeschichten von Jesus von Nazareth wird er in den Bildern von Suchen – Finden – Verlieren dargestellt als ein zyklischer Prozess, als eine Lebensaufgabe.

GEBORGENHEIT FINDEN

annehmen wie Unsicherheiten
zu einer echten Lebendigkeit gehören
die meine Beziehungskraft erneuern

Halt finden
annehmen wie Verunsicherungen
mich zu grund-legenden Themen führen
die mich aufrichtig werden lassen

Gelassenheit finden
annehmen wie Umbrüche
zu befreienden Durchbrüchen werden
die mich gelöster werden lassen

In schlaflosen Nächten

Schlaflose Stunden und Nächte sind harte Grenzerfahrungen. Sie zeigen mir, dass ich auch in der Nacht alles kontrollieren will und „durcharbeite". Sie sind ein schmerzlicher Ausdruck meiner Unfähigkeit, loslassen zu können. Sie bringen mich mit dem großen Paradox des Lebens in Verbindung: mich bemühen, mich nicht zu bemühen! Je mehr ich loslassen will, umso weniger gelingt es. Ein wohlwollender Umgang mit mir selber gelingt mir gerade nicht, obwohl dies der Schlüssel zu mehr Ruhe wäre. Vielfältige Gründe können uns zu einer Schlaflosigkeit führen. Einfache Antwortversuche, die nur auf einem „Ursache-und-Wirkung"-Konzept beruhen und Schuldzuweisungen fördern, können kontraproduktiv sein. Es braucht beharrliche Geduld, unterstützt durch ärztliche und therapeutische Begleitung, um von der Schlaflosigkeit zur Ruhe zu finden. Im achtsamen Atem verdichten sich all diese Themen. Ich vertraue mich meinem Atemfluss an und lerne dadurch, gut zu mir zu sein. Ich übe und tue etwas, obwohl ich weiss, dass es nicht in meiner Hand liegt, wann ich innere Ruhe erfahren werde. Ich versuche Nacht für Nacht, meine Grenzen nicht zu bekämpfen, sondern sie wohlwollend zu durchatmen. Es ist ein langer, ein schwieriger Prozess, in dem ich immer wieder lerne, Hilfe anzunehmen, auch durch Menschen, die an mich denken und mir gute Segenswünsche senden, Nacht für Nacht.

SCHLAFLOSIGKEIT

bedrängt und bedroht mich
bringt mich an den Rand der Erschöpfung
lässt mich zweifeln an meiner Lebenskraft

Schlaflosigkeit
verwirrt und blockiert mich
bringt mich an die Grenzen meiner Geduld
lässt mich gefangen bleiben in meiner Ohnmacht

Schlaflosigkeit
empört und ärgert mich
bringt mich an den Rand der Hoffnungslosigkeit
lässt mich hilflos sein in meiner Einsamkeit

IN SCHLAFLOSEN STUNDEN

mir wohlwollend begegnen
achtsam ein- und ausatmen
ja sagen zu meinen Grenzen

In schlaflosen Stunden
mir liebevoll entgegenkommen
aufmerksam ein- und ausatmen
ja sagen zu meiner Bedürftigkeit

In schlaflosen Stunden
mich verständnisvoll annehmen
bewusst ein- und ausatmen
ja sagen zu meiner Verletzlichkeit

MEIN VERKRAMPFTSEIN

nicht bekämpfen
tief ein- und ausatmen
mich lösen von der Vorstellung
alles im Griff zu haben

Meine Blockierungen
nicht verurteilen
behutsam in sie hinein atmen
mich verabschieden vom Konzept
alles willentlich bestimmen zu können

Meine Härte
nicht bewerten
geduldig mich durchatmen lassen
mich verwandeln lassen
zur Annahme des Augenblicks

NACHT FÜR NACHT

lernen mich anzunehmen
mit meiner Unfähigkeit loszulassen
achtsam ein- und ausatmen
als Ausdruck meines Wohlwollens

Nacht für Nacht
lernen mir zärtlich zu begegnen
gegenwärtig sein im Hier und Jetzt
tief durchatmen
als Ausdruck meiner Hoffnung

Nacht für Nacht
nicht nach dem Warum fragen
sondern mich Atemzug um Atemzug
zu einem Wozu bewegen lassen
als Ausdruck meines Vertrauens

Im Begleiten von Sterbenden

Mein achtsames Atmen ist für mich auch ein Einüben in die Kunst des Sterbens. Zwischen dem Einatmen und dem Ausatmen begegne ich der Leere, dem Nichts, einem toten Punkt. Diese Wirklichkeit verbinde ich mit dem Geheimnis des Werdens und Sterbens, des Einlassens und Loslassens.

Mein aufmerksames Atmen lässt mich jeden Tag neu staunen über das Geschenk des Lebens. Mein bewusstes Atmen lehrt mich Ja zu sagen zu meiner Endlichkeit, zu meinem Aufgehobensein im großen Lebensatem Gottes. In der Begleitung von Sterbenden können wir diese Lebensweisheit in aller Einfachheit und Intensität erfahren. Angesichts des Sterbens begegnen wir intensivstem Leben. Im schweigenden Dasein, im Halten der Hände, im einfachen Ein- und Ausatmen können wir soviel an Menschlichkeit erfahren, auch wenn wir scheinbar nichts mehr tun können. Angesichts des Todes erkennen wir, wie kostbar jeder Atemzug ist. Durch unser Dasein können wir ohne Worte all die gemeinsamen Erfahrungen nochmals vertiefen und so vielleicht ein wenig die Angst verlieren vor dem letzten Atemzug eines Menschen. Je tiefer wir ein- und ausatmen, umso mehr werden wir ahnen, dass das Verbindende bleibt und uns nie genommen werden kann. Im Sterben, im letzten Atemzug ahne ich das Aufgehobensein im geheimnisvoll-nahen Lebensatem Gottes. So wird mein alltägliches Atmen zum Gebet, das mich auch mit allen Verstorbenen verbindet.

ALLTÄGLICH STERBEN EINÜBEN

im tiefen Ein- und Ausatmen
die Angst vor dem Tod
verwandeln lassen in Vertrauen

Alltäglich sterben einüben
im bewussten Durchatmen
die Angst vor dem Abschiedsschmerz
verwandeln lassen in Hoffnung

Alltäglich sterben einüben
im tiefen Ein- und Ausatmen
die Angst vor der Endlichkeit
verwandeln lassen in Liebe

Einfach dasein

in der Begleitung von Sterbenden
nichts mehr tun müssen
miteinander dem Atemfluss folgen

Einfach mitfühlend sein
angesichts des Todes
die Tränen fließen lassen
im schmerzvoll-befreienden Aufatmen

Einfach dasein
Sterbenden zärtlich begegnen
einander zum Loslassen bestärken
Dankbarkeit und Schmerz teilen

Werden und Sterben

als tiefes Grundgeheimnis
unseres Lebens erkennen
das auch im Atem sichtbar wird

Werden und Sterben
als verbindende Kraft
unserer Beziehungen erahnen
die im Loslassen für immer bleibt

Werden und Sterben
als alltägliches Geschehen
unserer Existenz verinnerlichen
das sich ereignet als Lebensatem Gottes

STERBEN KÖNNEN

im Annehmen der durch-kreuzten Pläne
im Lernen Abschied zu nehmen
im Loslassen von festen Vorstellungen

Sterben können
im bewussten Innehalten
im Eintauchen in die Leere
im bewussten Nichtstun

Sterben können
im Integrieren meiner Grenzen
im Aufgehen in einem größeren Ganzen
im Ja sagen zur Endlichkeit

Siebtes Kapitel

Gesegnetes Aufatmen

Mein Atmen wird zur Meditation, wenn ich darin die segnende Kraft erahne, die mir jede Sekunde neu zufließt. Ich bin gesegnet vor allem Tun, angenommen in meinem Sosein, damit ich aus dieser befreiend-entlastenden Zusage zum Segen werde für andere und mit gestalte an gerechteren Lebensbedingungen für alle Menschen. Gesegnetes Aufatmen bedeutet allerdings, dass ich mein Leben selber in die Hand nehme und regelmäßig aus meinen segnenden Ressourcen schöpfe; ohne ein entschiedenes Üben wird diese Erkenntnis bloß Gedanke bleiben. Der klinische Psychologe und Supervisor Christoph Eichhorn spricht von einer „Erholungskompetenz" (in: „Souverän durch Selbst-Coaching", Göttingen 2001), weil es naiv sei zu glauben, dass die Erholung sich wie von selbst einstellt. Er beruft sich unter anderem auf qualifizierte Untersuchungen im Leistungssport. Zur

Leistungssteigerung und –erhaltung braucht es eine regelmäßige und systematische Erholungsaktivität. Erholungsprozesse erhalten darum in der Sportpraxis den gleichen Stellenwert wie Beanspruchungsprozesse. Das bedeutet, mein lebensnotwendiges Bedürfnis nach Atempausen nicht auf das Wochenende und auf den Urlaub zu vertagen, sondern es mir täglich, halbstündlich zu holen. Ich hole mir immer wieder, was ich den Tag hindurch brauche an befreiendem Aufatmen. Wenn ich nämlich zu lange, über Tage und Wochen hinweg, in einem Belastungs- und Beanspruchungsprozess bleibe, dann genügt auch der Urlaub nicht, um mich wirklich zu erholen. Da bin ich dann nämlich zuerst einfach erschöpft und spüre gar nicht, was mir wirklich gut tut. Die Gefahr, mich durch ein ungesundes Konsumangebot wieder leben zu lassen, nimmt dann zu. Immer häufiger höre ich von Menschen, dass die Urlaubskraft, die sie geschöpft haben, innerhalb weniger Tage schon wieder verflogen ist. Ich halte das für ein Alarmzeichen, das nach einer selbstbewussten Interaktion zwischen Belastung und Erholung ruft,

damit ich negative Gedankenkreisläufe durchbrechen kann und meine Aufmerksamkeit auf bereits vorhandene Lösungsansätze richte.
Meine Ermutigungen zu einem achtsamen Atmen sehe ich in diesem größeren Zusammenhang. Sie brauchen auch die Entschiedenheit, meine Erholungskompetenz zu fördern und ihr den Tag hindurch mehr Raum zu verschaffen. Sie fördern jene Selbsterkenntnis, die weiß, welche einfachen Bewegungsübungen mich mit meinem Charakter und meiner Persönlichkeitsstruktur herausholen aus der Gefangenschaft eines krankmachenden Aktivismus.

Atempausen für die Seele ermutigen zu einem zweckfreien Dasein, weil unser Selbstwertgefühl nicht nur durch Arbeit und Erfolg gestärkt werden kann.

Atempausen für die Seele verhelfen zu einem effizienten und kreativen Arbeiten und Sein, weil ich regelmäßig aus meiner inneren Quelle schöpfe.

Atempausen für die Seele erinnern mich an die segnende Kraft, die mich verbindet mit allen Menschen guten Willens, damit gerechtere Wirtschaftsstrukturen und eine ökologische Achtsamkeit verwirklicht werden können.

Atempausen für die Seele leisten Widerstand für eine Lebensqualität, in der das Gefordertsein im schöpferischen Prozess und das Sich-Entspannen im Loslassen kultiviert wird.

Atempausen für die Seele fördern eine Weggefährtenschaft, in der ich mit anderen Verbündeten nach Lösungsansätzen in scheinbar unlösbaren Fragen suche.

GESEGNET SEIST DU

in deinem Aufatmen
das dich klarer sehen lässt
was wir zum Leben brauchen

Gesegnet seist du
in deinem Durchatmen
das dir bewusst werden lässt
wie deine Erholung gestaltet sein will

Gesegnet seist du
in deinem Aufatmen
das dich erinnert
wie wesentlich ein gesunder Rhythmus ist

NIMM DEIN LEBEN IN DIE HAND

gestalte selbstbewusst dein Arbeiten
im Ausgleich zwischen Belastung und Erholung
damit deine Kreativität sich entfalten kann

Lass dich nicht vertrösten auf den Urlaub
entdecke deine Lebendigkeit in der Gegenwart
im Spannungsfeld von Arbeit und Muße
damit deine Weitsicht wachsen kann

Nimm deine Verantwortung wahr
lass dich nicht leben durch die Sachzwänge
nimm deine Verantwortung wahr
im Schaffen von Handlungsspielräumen
damit dein Mitgefühl sichtbar wird

ATEMPAUSEN

wünsche ich dir
mitten in deinem Berufsalltag
durch erholsame Bewegungen

Atempausen
wünsche ich dir
mitten in der Hektik
durch entschiedenes Innehalten

Atempausen
wünsche ich dir
mitten in den Sorgen
durch befreiendes Loslassen

ATEMPAUSEN

seien dir geschenkt
im Fördern deiner Erholungskompetenz
die ordnende Strukturen braucht

Atempausen
eröffnen sich dir
in der Selbsterkenntnis
sich nicht ausnützen zu lassen

Atempausen
seien dir geschenkt
im selbstbewussten Schöpfen
aus den inneren Ressourcen

Mein Dasein

als Segen verstehen
das auch andere bestärkt
einfach zu leben

Mein Nichtstun
als Segen erfahren
das auch andere ermutigt
maßvoll im Leben zu stehen

Mein Neinsagen
als Segen erleben
das auch andere bestärkt
Prioritäten zu setzen

Segen

wirst du sein
im Entfalten eines gesunden Rhythmus'
zwischen Arbeiten und Erholung

Segen
wirst du sein
im Grenzen setzen
für ein maßvolles Arbeiten und Sein

Segen
wirst du sein
im beharrlichen Einüben
einer menschlicheren Arbeitskultur

SEGNENDES AUFATMEN

wird sich entfalten
im gemeinsamen Gestalten
einer Erholungskompetenz

Segnendes Aufatmen
wird Kreise ziehen
im lebensfördernden Widerstand
für Muße und Lebensfreude

Segnendes Aufatmen
wird andere beglücken
in der gegenseitigen Ermutigung
zur Langsamkeit und Leere

Mein Leben als Segen sehen

Mein Atem lässt mich die heilende Segenskraft erfahren, die mich mit aller Kreatur verbindet. Auch in meiner Zerbrechlichkeit, in meinen Behinderungen und in Zeiten der Krankheit ist diese segnende Kraft da. Sie weist über mein Leben hinaus und öffnet mir Fenster zur Ewigkeit. Mein Atem lässt meine segnende Lebensaufgabe nicht nur in meinen Stärken und meiner Begeisterung erkennen, sondern auch in meiner Verletzlichkeit und meinem Ringen nach Sinn. Im Entfalten meiner Talente und im Integrieren meiner Bedürftigkeit bin ich ein Segen für andere. Auch als kranker Mensch kann ich segnend dasein. Im Atem verdichtet sich dieses Umdenken zu einem erfüllten Leben voll Schönheit und Zerbrechlichkeit. So reift meine Achtsamkeit und mein Mitgefühl, das meine Selbstannahme, meine Liebe zum Mitmenschen, zu den Tieren, Pflanzen, zu Schöpfung und Kosmos stärkt und in alledem den göttlichen Lebensatem erahnt. So sehe ich mein Leben in einem größeren Zusammenhang, der ermutigt zum

Hier und Jetzt, damit die Kraft der Ewigkeit
mich zu einer engagierten Gelassenheit
bewegen kann.

Atempausen für die Seele erinnern mich jeden
Moment des Lebens an den Ursegen, der uns
einzigartig und solidarisch werden lässt.

MEINER SEGENSKRAFT TRAUEN

auch in Tagen der Krankheit
die mich meine Verletzlichkeit
mit Leib und Seele erfahren lässt

Meiner Segenskraft trauen
auch in Tagen der Wut und Trauer
über den Verlust des Arbeitsplatzes
über das Zerbrechen einer Beziehung

Meiner Segenskraft trauen
auch in Tagen der Auflehnung
die meinen Gerechtigkeitssinn zeigen
der zum Aufstand für die Menschenrechte
bewegt

SEGNEND-MITFÜHLEND DASEIN

den Tieren mit Respekt begegnen
weil sie beseelt sind
Ausdruck des Ursegens Gottes

Segnend-mitleidend dasein
den Fremden mit Achtung begegnen
weil die Schöpfung keine Ausländer kennt
sondern nur Mitmenschen wie dich und mich

Segnend-lebensfroh dasein
mit allen Sinnen
sich zum Lebenstanz anstiften lassen
in staunender Dankbarkeit

ATMEN KÖNNEN

lebendig bleiben
in einer Kultur der Zärtlichkeit
die Menschen ihre Würde erleben lässt

Atmen können
segnend dasein
in einer Welt der Toleranz
die authentisches Menschsein fördert

Atmen können
gelassen bleiben
eingebunden in die Schönheit der Schöpfung
die in Achtsamkeit bewahrt werden kann

SEGENSSCHRITTE

wünsche ich dir
in Zeiten des Erfülltseins
in Zeiten der Leere

Segensschritte
wünsche ich dir
im klärenden Aufatmen
das dein Rückgrat stärkt

Segensschritte
wünsche ich dir
im Aushalten von Spannungen
die beim Durchatmen gelöster werden

Segensschritte
wünsche ich dir
im Aufbruch aus ängstlicher Enge
in eine solidarische Weite

Segensschritte
wünsche ich dir
im tiefen Ein- und Ausatmen
das dich einfach leben lässt

Der Autor

Pierre Stutz, geboren 1953, ist Theologe, spiritueller Begleiter und Autor vieler erfolgreicher Bücher zu einer Spiritualität im Alltag, langjährige Erfahrung in Jugendseelsorge und Erwachsenenbildung, Ausbildung im Sozialtherapeutischen Rollenspiel, Mitbegründer des offenen Klosters Abbaye de Fontaine-André in Neuchâtel/Schweiz, rege Kurs- und Vortragstätigkeit im ganzen deutschsprachigen Raum, lebt in Osnabrück. Im Internet: www.pierrestutz.ch

Texte voller Kraft und Lebendigkeit

192 Seiten | Gebunden
ISBN 978-3-451-03123-6

Mehr Lebendigkeit – dazu möchte Pierre Stutz seine Leserinnen und Leser ermutigen. Dieses Buch enthält eine Auswahl seiner beliebtesten Texte, ergänzt um neue Meditationen. Sie inspirieren dazu, sich Zeit für Stille und Besinnung zu nehmen und motivieren zu einem engagierten Eintreten für die Schöpfung und den Frieden.

In jeder Buchhandlung!

HERDER

www.herder.de

Spirituelle Übungen für jeden Tag

192 Seiten | Kartoniert
ISBN 978-3-451-03124-3

Innehalten, loslassen und zur inneren Freiheit finden – dazu ermutigt Pierre Stutz. Seine Meditationen und Übungen helfen, im Alltag Inseln der Ruhe zu finden und zu neuer Lebendigkeit aufzubrechen. 50 Rituale, die der Seele guttun.

In jeder Buchhandlung!

HERDER

www.herder.de